JN297665

近代「国語」の成立における藤岡勝二の果した役割について

柿木重宜 著
Shigetaka Kakigi

ナカニシヤ出版

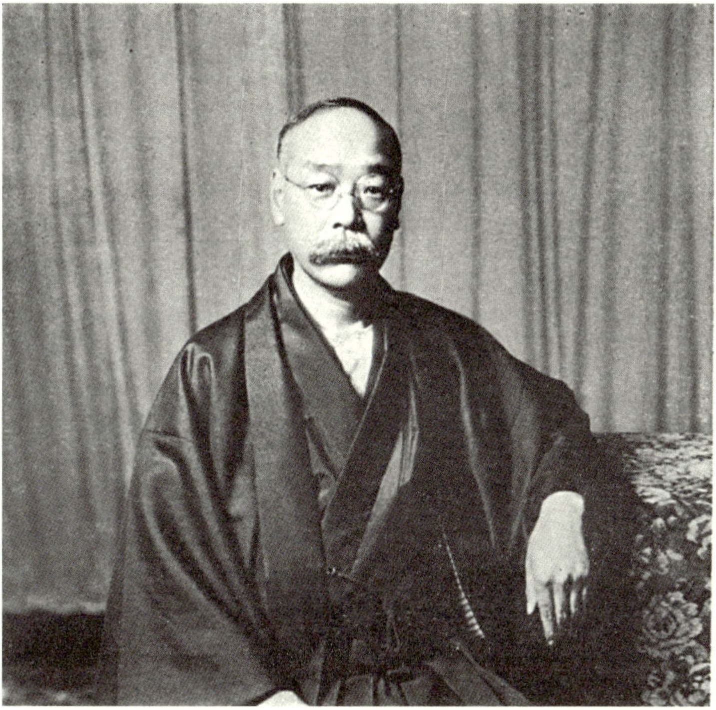

序　文

　筆者が，藤岡勝二という言語学者の名を知ったのは，大学2年次に受講した「アルタイ言語学概論」の講義を興味深く拝聴していたときだったと思う。ずいぶん後になって分かったことだが，大学1年次に履修した「国語学概論」の授業ノートに，国語調査委員会や藤岡勝二をはじめとする数多の研究者のメンバーが記されていた。おそらく，その折，名前は聴いていたのかもしれないが，当時の私の印象に強く残るものは何もなかった。従来の学校文法に辟易としていた筆者にとって，国文法が専門の担当教員の講義は，学校文法とは異なる「詞」と「辞」といった専門用語を駆使しながら，橋本，時枝，松下，山田といった文法論を説いたもので，その斬新な理論に強く魅力を感じていた。その頃はまだ，藤岡のような近代国語の成立に関与した若き言語学徒たちと，アルタイ言語学，特に，モンゴル語，満州語を専門とした泰斗としての藤岡勝二が，同一人物であるとは全く気づくことができなかったのである。同様に，那珂通世，白鳥庫吉といった東洋史の碩学も，かな文字に関心を持ち，国語国字問題に関わる論文を上梓していたことは，この頃には考えにも及ばず，アルタイ学と国語学との接点を結びつけることはできなかった。大学院で専門的に，アルタイ言語学や国語学（日本語学）を学ぶようになり，藤岡勝二という人物に深い関心を抱き，その業績を丹念に調査研究していくうちに，言語学者として知られた藤岡勝二が，実は，国語国字問題，仏教学，辞書学，日本語系統論等，様々な分野で後世に残る仕事をしていたことが判明したのである。そして，これほど該博な知識を有した言語学者の思想が，なぜ専門的な研究対象にならないのか，ずっと疑問に感じていた。

　藤岡の師の上田萬年，同時代の畏友サンスクリット学の泰斗東京帝国大学教授高楠順次郎，叔父のように慕っていた教育学者澤柳政太郎に比べ，藤岡勝二は，東京帝国大学文科大学言語学科主任教授として，およそ30年間，言語学の研究と教育に尽力したにも拘わらず，その研究業績が正当に評価されているとは言い難い。現時点においては，彼の言語思想の分析も，ほとんど進捗していないと言えよう。この点で，学位論文に修正を加えた本書が，本格的な藤岡言

語学の研究の嚆矢となり，今後の藤岡研究が進展する契機となれば，筆者としても望外の幸せと感じている。また，藤岡勝二が，言語学史，あるいは，国語学（日本語学）史において，どのような位置づけにあるのか，今一度考察しなければならない重要な課題であると考えている。

しかしながら，先述したように，藤岡言語学の業績を調べるためには，膨大な業績の収集から始めなければならない。また，研究テーマが言語学以外にも多岐に亘っているために，専門の現代言語学者の間でさえ，その名を知らないものも多く，「忘れられた言語学者」というべき人物とみなされているのが現状であろう。大部の全集が残されている同時代の京都帝国大学教授新村出，東京帝国大学教授金田一京助と比べ，藤岡個人の名を冠した論文集といえば，弟子たちの論文が集約された『藤岡博士功績記念言語學論文集』唯一冊だけである。東西の言語学を支えた藤岡と新村，藤岡の教え子になる金田一とは，まさに対照的と言えよう。

なお，口絵であるが，藤岡が逝去した後，小倉進平が中心になって編纂した訳書『満文老檔　太祖の巻』から引用した。孤高の言語学者に相応しい写真ではないかと考えて，数多ある写真の中から選び，掲出した。

本書は，明治33（1900）年に「国語」という教科目が成立する以前，藤岡がどのような言語思想を有し，近代の「国語」の成立に関わったのか，この側面を重点的に考察した初めての本格的な藤岡言語学の学術書である。浅学菲才は承知の上で，多彩な研究テーマを有した藤岡勝二という人物の研究を，これからも愚直に進めていくのが筆者の務めだと意を決した次第である。

最後に謝辞でも述べるが，本書を刊行するにあたり，多くの方々のご尽力を頂いた。
ここに記して深甚より感謝申し上げたい。

平成25年2月1日
湖都　大津の寓居にて
柿木重宜
（KAKIGI Shigetaka）

目　次

序　文 ……………………………………………………………… i

はじめに ………………………………………………………… 1

1章　先行研究 ………………………………………………… 3

2章　藤岡勝二の言語思想について ………………………… 11
2.1　藤岡勝二の経歴（1872－1935）………………………… 11
2.2　藤岡勝二の研究テーマ ………………………………… 13
2.2.1　日本語系統論説（ウラル・アルタイ語族説）　13
2.2.2　一般言語学　17
2.2.3　アルタイ諸語の文献学的研究　18
2.2.4　国語国字問題（ローマ字化運動の理論と実践）　19
2.2.5　辞書学　21
2.2.6　宗教学　24
2.2.7　日本語教育　27

3章　国語調査委員会官制発足以前の状況 ………………… 31
3.1　帝国教育会の言文一致会 ……………………………… 32
3.2　国語調査会（1900－1902）と委員 …………………… 33

4章　国語調査委員会（1902－1913）について …………… 43
4.1　国語調査委員会の委員 ………………………………… 43
4.2　国語調査委員会の調査方針と活動状況 ……………… 45

4.3　国語調査委員会の研究成果 …………………………………………… 47

5章　国語調査委員会の重要項目（標準語・言文一致・仮名遣い）における藤岡勝二の役割 …………………… 51

5.1　標準語 ……………………………………………………………………… 51
5.2　言文一致（口語体） ……………………………………………………… 55
5.2.1　『國語研究法』にみられる藤岡の言文一致論　55
5.2.2　言文一致の確立期について　59
5.2.3　藤岡勝二の「言文一致論」と方言意識について　64
5.3　仮名遣い ………………………………………………………………… 68
5.3.1　「棒引仮名遣い」について　68
5.3.2　「棒引仮名遣い」の消失の原因について　69
5.3.3　藤岡勝二が用いた「棒引仮名遣い」について　71
5.4　臨時仮名遣調査委員会について ……………………………………… 78
5.4.1　臨時仮名遣調査委員会以前の状況　78
　　　―『明治三十八年二月假名遣改定案ニ對スル世論調査報告』―
5.4.2　臨時仮名遣調査委員会　84

6章　『言語學雜誌』の資料的価値について ―藤岡勝二の言説を中心にして― ………………… 87

6.1　『言語學雜誌』について ………………………………………………… 87
6.1.1　『言語學雜誌』の巻号数　88
6.1.2　『言語學雜誌』の体裁と内容　89
6.2　『言語學雜誌』に寄稿した藤岡勝二の論文について ………………… 94
6.2.1　藤岡論文の内容とその特徴　94
6.2.2　藤岡論文に対する国語学者の評価　96
6.3　「雑報」にみられる藤岡勝二の日本語教育について ………………… 96

7章　藤岡勝二とその周辺 ……………………… 107

7.1　藤岡勝二と同時代の言語学徒たち ……………………… 110
7.1.1　藤岡勝二と同時代の博言学科の学生　110
7.1.2　藤岡勝二の東京帝国大学時代の同僚　112
7.1.3　藤岡勝二の東京帝国大学時代の門下生　113
7.1.4　藤岡勝二の担当した科目　114
7.1.5　藤岡勝二の印象　119

8章　藤岡勝二の言語観 ……………………… 125

8.1　藤岡勝二の国語観 ……………………… 125
8.1.1　藤岡勝二に影響を与えた言語学者
　　　　（ホイットニー・パウル・スウィート）　126
8.1.2　社会言語学の曙光　129
8.1.3　藤岡言語学の後継者とその位置づけ　131
　　　　―博言学から言語学へ―

8.2　藤岡勝二のローマ字観 ……………………… 134
8.2.1　藤岡勝二と「ローマ字ひろめ会」　135
8.2.2　「ローマ字ひろめ会」の活動　137
8.2.3　『RÔMAJI』に寄稿した言語学者と国語学者　144

8.3　「ローマ字ひろめ会」における藤岡勝二の役割 ……………………… 148
8.3.1　『RÔMAJI』にみられる特記事項　148
8.3.2　訓令式ローマ字が採用された理由　150

おわりに ……………………… 155

引用文献 ……………………… 159
藤岡勝二（1872-1935）の主要業績一覧 ……………………… 163
謝　辞 ……………………… 167
事項索引 ……………………… 171
人名索引 ……………………… 173

はじめに

　藤岡勝二（1872-1935）に関する本格的な研究は，国語国字問題に関する著書では散見できるが，藤岡自身の言語思想を枢軸に置いた論著は，現時点においては，発表されていない。

　現在，国語国字問題に関する研究を行っている研究者の著書においても，断片的に藤岡勝二の名が記されているだけである。また，現代の言語学，国語学（日本語学）に関する膨大な著書の中に，藤岡勝二の名を散見できるとすれば，それは，日本語系統論の中で，明治41（1908）年に，日本語とウラル・アルタイ語族との共通性について述べたものに限定される。

　拙論では，近代の「国語」の成立において，きわめて重要な役割を果した藤岡勝二について，その思想と同時代の研究者との比較を通して，上田萬年（1867-1937）から東京帝国大学文科大学言語学講座を引き継いだ藤岡の思想の本質を的確に捉え，彼がどのような立場で，その牽引役となっていったのか，彼の言説，理論，実践など様々な角度から考察していきたい。

　実に多彩な研究テーマを研究課題とした藤岡は，この時代に一体どのような役割を果したのか，拙論を通して，藤岡勝二の近代「国語」の成立に果した役割の全貌を明らかにしたい。

1章　先行研究

　藤岡勝二は，明治38 (1905) 年に，東京帝国大学文科大学教授上田萬年から，言語学講座を託される。その後，30年近くの長きにわたって，東京帝国大学文科大学言語学講座において，中心的役割を果すのであるが，生前の業績や教育に関する本格的な著書は未だ刊行されていない。とりわけ，近代の「国語」の成立に関して，藤岡がどのような仕事をしてきたのか，まだ全貌は明確にはされていない。

　国語国字問題に関しては，現在，先行研究として，イ (1996) や安田 (2006) などの論著を挙げることができるが，これらの著書の中での藤岡の位置づけは，せいぜい言文一致の文体論に関する論文を執筆した国語学者，上田萬年の門下生として満州語やモンゴル語を研究した一言語学者としての扱いでしか分析されてはいない。

　ただし，国語学者京極興一 (1996) は，『改訂新版「国語」とは何か』において，岡倉由三郎 (1868-1936) と藤岡の『國語研究法』の中の言説，さらに上田萬年の思想上の差異を，「国語」という名称をめぐって，詳細に検討している。また，言文一致の研究で知られた国語学者山本正秀 (1979) は，『近代文体形成史料集成 成立篇』において，藤岡 (1901) が『言語學雜誌』に寄稿した「言文一致論」等を取り上げ，彼の論文を高く評価している。

　しかしながら，この二人の著者も，藤岡を断片的に取り上げたに過ぎず，その過程に至るまでの藤岡の言語思想の淵源まで深く掘り下げることができてはいない。

　国語国字問題全体を扱った著書は，数多くみられるが，総括的に捉えた大著として，現段階において，最も信頼できる著書は，『国語施策百年史』(2006)

といえるであろう。ここでは，藤岡勝二の名は勿論のこと，彼と明治33（1900）年以前に，「国語」の概念について議論した国語学者岡田正美（1871-1923），保科孝一（1872-1955）についても触れられており，国語調査委員会に関しても実に精緻な研究が行なわれている。ただし，様々な資料を駆使した各々の執筆者たちの大変な労作ではあるが，藤岡勝二の思想や人物像を本格的に扱ったものではない。

では，まず，イ（1996）が，『「国語」という思想』の第6章「国語学」の「国語政策」において，藤岡を取り上げた箇所をみていきたい。[1]

> 『言語学雑誌』に論じられた言文一致論は，上田の言語思想を色濃く反映したものであった。たとえば，東京大学で上田に学んだ藤岡勝二は，「言文一致論」（一九〇一年／明治三四）においてつぎのように論じている。「言文一致と云ってもあらゆる日本語を凡て其ま、文字に写すことではないと云ふことになる。〔……〕しかし国語は統一せられねばならぬとし且其統一の標準になるものが甚好い者であるならば多少の苦労は忍んでも行なはねばならぬ。〔……〕即ち一の標準語によるといふことになる。この標準語にかの方言などを云ひ換へて文にあらはすことになるのである。言ひ換へれば言文一致といふのは標準語を文に書きあらはすことである」そして，その標準語の中身は「東京に於て教育のある社会人の言葉」だった。
>
> こうして，言文一致は，方言から標準語への〈言い換え〉の手段という意味に転じてしまった。ただし，藤岡は「言文一致を主唱するといふのは言文一致体と云ふ文体を教へること」であると述べ，言文一致をあくまで文体のひとつの様式としてとらえていた。ところが，次の保科孝一の論説では，さらにすすんでこの点すらも否定される。

イ（1966）は，次に「標準語」の制定を重視する保科孝一の理論を紹介し，あくまで言文一致体という文体にこだわる藤岡の理論と対照させようとしてい

1）イ（1966）pp.143-148を引用した。

る。保科孝一の言語思想を主眼とした名著であるが，先行研究を用いながら，藤岡勝二の名前を掲出して，その思想について考察したのは，この箇所だけである。

また，膨大な著作を有する安田（2006）も，次のように，藤岡勝二とは，上田が創始した東京帝国大学言語学教室の一人のメンバーに過ぎないと捉えている。それは，次の文章から窺うことができる。安田は，上田の構想した「日本帝国大学言語学」に属する一人として藤岡勝二の名を掲げている。なお，本文では略したが，このメンバーには，橋本進吉（古代日本語），小倉進平（朝鮮語），伊波普猷（琉球語），金田一京助（アイヌ語），後藤朝太郎（中国語）が含まれている。また，安田（2006）は，下記の文からも分かるように，東京帝国大学の教員であった藤岡よりもマライ・ポリネシア諸語が専門の小川尚義（1869-1947）を高く評価している。[2]

> この当時の言語学者や言語学科の学生は，この「日本帝国大学言語学」の構想に沿って配置されていた。〈中略〉また，当時教鞭をとっていた藤岡勝二（ふじおかかつじ）（1872～1935）は満州語とモンゴル語の専門であった。マライ・ポリネシア諸語は，上田の初期の弟子小川尚義が該当する。小川は領有当初の台湾に「国語」を教えに派遣されるが，「台湾語」の研究ばかりではなく少数民族の研究も行ない，のちに台北帝国大学教授となる。

一方，先述した京極（1996）は，『改訂新版「国語」とは何か』の第三章「国語学における『国語』論」の第二節「国語学における『国語』論の発生」において，藤岡勝二について言及している。ここでは，まず，京極が，前章において，上田萬年と関根正直（1860-1932）の思想の共通性を考察して，第二章「国語の語誌」において，以下のようなことを指摘していることに注視してみたい。[3]

2）安田（2006）p.78を引用した。
3）京極（1996）p.66を引用した。

それにしても，関根氏と上田氏の論には共通点が多い。それが偶然生じたものか，何等かの関係があったものかは，今の所不明である。しかし，当時の代表的な新進の研究者である二人の意見の一致は，明治二十年代の基本的な動向を示すものといってよかろう。なお，関根氏の論が最初の「国語」論としての意義をもつとするならば，上田氏の論は，その文章力の説得力に加えて，筆者の名声，幅広い活動から，世間に与えた影響は大きく，日本人の共通的な「国語」観の形成に与って力があったということができよう。

　次に，京極（1996）は，国語学における「国語」論とは，どのような思想を有しているのか，綿密に考察している。京極は，第三章「国語学における『国語』論」の第二節「国語学における『国語』論の発生」において，この論の典型的な例として，岡倉由三郎と藤岡勝二（1907）の論著を掲げながら，以下のようなことを述べている。

　　「国語」の概念規定が問題として意識された契機に，植民地統治の発生があったと考えられる。即ち，日本国がほぼ日本民族だけで国家を形成していた時期には，日本語を指して，「国語」ということに問題を生じなかったが，明治二十八年以降に，台湾・朝鮮等の植民地の異なった民族が国家の構成員となった時に，国家語，国民語としての「国語」の概念を問い直すことになった。例えば，次の二つの論である。

　この後，京極（1996）は，岡倉由三郎『應用言語學十回講話』（明治三十五年　集成堂・成美堂）と藤岡勝二『國語研究法』（明治四十年　三省堂）の言説を掲げている。
　ここでは，紙幅の関係上，藤岡勝二の『國語研究法』だけを掲げておくことにする。[4]

4）藤岡（1907）p.73を引用した。

政治の中心としてある中央政府が位地を占めている場所の言語及びそれと同様なる言語で，其政府の下に人民に依て用ゐられているものをば国語と云ふことにして，それらと等しく同政府機関内に居る人民に用られて居ても言語的系統を異にするものをば国語以外におくのである。然しこれは狭く見た国語の意義で，ひろく見るときにはそれだけでは尽きない。
　（中略）かく同国内でも言語系統を異にするものを国語以外と見ると同時に，異国でも同国語を用ゐる場合にはこれ亦広義の其国語といへることになるから，こゝに於て国語と云ふものと政治的の意の国と云ふこと、一致しないことになる（二五頁－二六頁）

京極（1996）は，上記の論に対して，次のような持論を展開している。

　この二つの論は，いずれも「国語」が政治上の国家，国民と一致するものでない点を指摘している。即ち，両氏は，前記（第二章第二節四）の関根正直氏・上田万年氏の説いた国語・国家・国民の三位一体観に対して，「国語」の概念を問い直し，注意を喚起しているのである。これらは，「国語学」の名称の是非の問題にまでは及んでいないが，昭和前期の「国語」論の先駆として注目すべきものといえよう。
　ただし，この時期の論は，いわば言語学分野から提起されたものであり，国語学分野からの見直し論ではなかったことに注意しておく必要があろう。

当時の藤岡や岡倉にとって，日本語とは，言語系統論の見地から考察してみると，あくまで国語と同義であり，政治的状況とは無縁であったと考えていたのであろう。一方，いち早く音韻対応の法則を用い，最新の比較言語学の理論を持ち帰った上田は，自らは，決して，系統論に関わる論文を残すことはなかった。上田が意識していたのは，国語，国家，国民との紐帯であったと考えられる。また，さらに，上田は，後述する「国語は帝室の藩屏なり。国語は国民の慈母なり」ということばで象徴されるように，帝室を中心とした国家ナショナ

リズム的家族愛を有した言語を，理想的な国語として捉えていたのである。

　また，上田は，西洋の学問を欧州留学の経験を生かして，積極的に取り入れたが，自身は政治的な問題—文部省専門学務局長，貴族院議員を歴任した—に関心があったようである。ただし，西洋の最新の学問，すなわち，青年文法学派の比較言語学の方法論を導入した点では高く評価すべきであり，国語と国家の問題は，東京帝国大学文科大学国語研究室において，直弟子の保科孝一とともに尽力していくことになるのである。ただし，上田萬年と橋本進吉（1882-1945）の『古本節用集の研究』などの著作は，実質上，助手の橋本進吉の尽力によって完成したものであり，橋本進吉が長年の助手生活から国語講座を託された段階で，東京帝国大学国語研究室は，政治色のない，ひたすら古文献を読みこなすことに重点を置いた学問の場へと様変わりしていく。この時点で，東京帝国大学国語研究室において，上田が学んだ比較言語学的手法を用いた理論を国語に適用しようとする考え方は，全く影をひそめることになるのである。以降，橋本は，東京帝国大学国語研究室において，近代国語研究史を確立していき，多数の優秀な政治色のない「国語」研究者を育成していったのであった。

　一方，言語学講座については，先述したように，上田は，ドイツ留学を経て，最新の比較言語学の理論を学んできたにも拘わらず，他の諸言語と日本語を比較した論文を一本も残してはいない。あらゆる諸言語を自らの弟子に学習させて，日本語の系統関係を解明しようとしたのである。明治38（1905）年に，藤岡勝二が上田から正式に言語学講座を継承したとき，藤岡は，上田から学んだ理論や自らがドイツ留学中に会得した知識を活かし，言語学の業績を残すことによって，上田の導入した言語理論を具現化しようとした。ただし，今日，唯一藤岡勝二の名を残している日本語系統論の研究も，比較言語学的観点ではなく，類型論的観点からのアプローチであり，また，藤岡がこだわった国語観も，上田の国語研究室を継承した橋本とは著しく異なるものとなっていくのであった。

　また，橋本は，戦時中，ローマ字化問題に関心を抱いていた藤岡の直弟子服部四郎（1908-1995）に，国語国字問題は厄介であるため，深く関わらないようにと，苦言を呈したことがあり，国語国字問題，とりわけローマ字化運動にも関わりを持とうとはしなかった。戦時中，学者たちが軍部に講演を依頼され

た折も，戦意を高揚させるような話をすることもなく，ひたすら学問に関する講義に終始したのであった。

　こうした状況の中，筆者は，京極（1996）の言説には，ある程度共感をしながらも，一方では，藤岡が，国語，国家，国民といった言語政策的観点からの研究に全く無関心であったとはいえないと考えている。『國語研究法』を上梓した2年前に，藤岡は，すでに，ローマ字を普及させるために，自らが支持するヘボン式に賛同するものと，体系的な表記を重視する日本式ローマ字表記法を支持する派と大同団結して，「ローマ字ひろめ会」を結成している。以降は，国語国字問題，とりわけ，ローマ字化国字運動の理論と実践について，師の上田萬年以上に積極的な活動をしているのである。このような活動を通して，藤岡は，次第に，国語，国家，国民との関係性を意識していったものと考えられる。ただし，当時，藤岡が，本来なら「言語学研究法」という題にすべき著書に，あえて『國語研究法』というタイトルをつけて刊行したのは，国語，国家，国民という国語ナショナリズムに関わる思想を自覚していなかったのか，あるいは，国語に国家理念が介入することを意図的に排除したのか，藤岡自身の言説にこの点についてふれた説明がないために，推測の域をでないが，藤岡の理想とする国語研究法とは，あくまで科学的な言語学的観点から日本語を研究する方法であったと考えられる。藤岡は，明治33（1900）年以前より，岡田正美，保科孝一とともに，国語に関する調査，図書館の嘱託を任されており，自身も高等師範学校で国語の教科を担当していたという経歴に鑑みると，やはり，あえて「言語」や「日本語」ではなく，まだ一般には浸透していない「国語」という用語を意識的に使用したのではないかと推察できるのである。藤岡は，「国語」という教科目に，「言語学」の最新の理論を注入して，どのよう方法論で日本語を研究すればよいのか，その指針を示したかったのではないかと考えられる。

　ほぼ同時期，東京帝国大学文科大学の国文科を卒業し，当時東京帝国大学助教授，高等師範学校教授であった保科孝一（1902）が，『言語學講話』を，東京高等師範学校教授，東京外国語学校教授岡倉由三郎（1901）が『發音學講話』を刊行している。いずれも，「国語」という用語を用いず，国文出身で，後に東京帝国大学国語研究室で「国語」という概念の確立を上田とともに目指す保

科が，当時は「言語学」という用語を使っていたことも興味深い事項といえよう。ちなみに，この二冊は，『言語學雑誌』（第3巻第3号）の裏表紙に宣伝のため，大きく記されている。

2章　藤岡勝二の言語思想について

2.1　藤岡勝二の経歴（1872－1935）

　本節では，まず藤岡勝二の経歴について掲げておきたい。なお，個々の事項の正確な年月日が判明した場合には，省略せずに記すことにした。[5]

明治 5 （1872）年 8 月12日	京都市に生まれる。
明治24 （1891）年 7 月10日	京都府尋常中学卒業。
明治24 （1891）年 9 月10日	第三高等学校予科第一級。
明治27 （1894）年 7 月10日	第三高等学校本科一部の内文科卒業。
明治27 （1894）年 7 月11日	東京帝国大学文科大学博言学科に入学。
明治28 （1895）年 4 月10日	『帝國文學』（第 4 号）の編集委員に選ばれる。
明治28 （1895）年 7 月10日	特待生に選定される。
明治30 （1897）年 7 月10日	東京帝国大学文科大学博言学科卒業。
明治30 （1897）年 7 月11日	同大学大学院入学許可。学術論文「日本語ノ性質及其発達」
明治30 （1897）年 9 月	真言東京中学教授を嘱託として勤務する。
明治31 （1898）年 2 月	保科孝一，岡田正美とともに図書館嘱託の発令がでる。
明治31 （1898）年 4 月	国語に関する事項取調の嘱託をする。
明治32 （1899）年 5 月	高等師範学校国語科講師の嘱託として勤務。

5）藤岡勝二の経歴については，主に藤岡博士功績記念會編（1935）を参照した。

明治33（1900）年3月	羅馬字書方取調委員をする。
明治33（1900）年12月3日	教科書編纂ならびに検定に関する事務の嘱託をする。
明治34（1901）年9月30日	言語学研究のために3年間のドイツ留学を命じられる。
明治34（1901）年11月	上田萬年の後継者として，ドイツに留学。約3年3カ月。
明治38（1905）年2月14日	ドイツより帰国する。14日後に，東京帝国大学文科大学講師を嘱託として勤務する。
明治38（1905）年7月6日	東京帝国大学文科大学助教授に就任する。言語学講座担任に就任。
明治38（1905）年10月12日	国語調査委員会委員になる。
明治39（1906）年4月	東洋大学教授に就任する（～昭和9年3月まで）。
明治39（1906）年	JEA（日本エスペラント協会）に参加する。
明治40（1907）年9月	清国へ出張を命じられる。
明治40（1907）年12月11日	清国より帰国する。
明治41（1908）年5月	東京外国語学校講師に就任する（～昭和8年）。
明治43（1910）年11月1日	東京帝国大学文科大学教授に就任する。
明治43（1910）年11月1日	財団法人帝大大谷学士学生会理事長に就任（～昭和10年）。
明治45（1912）年6月1日	東京帝国大学総長の推薦に基づいて，学位令第2条によって，文学博士を授与される。
明治45（1912）年6月22日	音声学講習会講師を嘱託として勤務。
大正9（1920）年12月30日	高等官一等に叙せられる。
大正10（1921）年3月30日	勲三等瑞宝章を授かる。
大正10（1921）年6月25日	臨時国語調査会委員になる。
大正10（1921）年7月22日	米国へ出張を命じられる。
大正10（1921）年9月10日	米国より帰国する。
大正11（1922）年4月26日	教員検定試験委員会臨時調査委員になる。
大正12（1923）年4月24日	欧米各国へ出張を命じられる。
大正12（1923）年12月30日	海外より帰国。

大正13（1924）年9月	聖徳太子奉讃会理事に就任する（〜昭和10年2月）。
大正13（1924）年	帝大佛教青年会理事長に就任する（〜昭和9年）。
昭和3（1928）年	東京帝国大学を定年退官になる。
昭和7（1932）年	奉天の四庫文庫で「滿文老檔」の研究をする目的で出張の準備をしていたが，急病のために行くことがかなわなかった。
昭和10（1935）年	本郷西片町の自邸にて逝去。亨年63歳。

2.2 藤岡勝二の研究テーマ

　現代の言語学，国語学（日本語学）の分野では，藤岡勝二という名は，日本語とウラル・アルタイ諸語の同系説を唱えた学者として取り上げられるに過ぎない。しかし，藤岡自身は，当初，講演形式で，日本語とウラル・アルタイ語族の共通性を述べただけであり，日本語とウラル・アルタイ語族が系統論的に親縁関係にあると決して結論づけたわけではない。また，国語国字問題の著書の中で，その名前が挙げられることがあるが，実際に，藤岡がどのようなローマ字化国語国字問題の理論と実践に関わったのかは，詳らかにされていない。
　後述するが，藤岡勝二の研究テーマは実に多岐にわたり，その研究分野は，日本語系統論説（ウラル・アルタイ語族説），一般言語学，アルタイ諸語の文献学的研究，国語国字問題（ローマ字化運動の理論と実践），辞書学，宗教学，日本語教育にまで及んでいるのである。
　本節では，この順に各研究分野における藤岡の業績を，2.2.1〜2.2.7に分類し，まず，その代表的な論文及び著書を掲げ，その後，彼の言語思想をまとめてみることにした。

2.2.1　日本語系統論説（ウラル・アルタイ語族説）

明治34（1901）年「言語を以て直に人種の異同を判ずること」『史學雑誌』12編9号　史學会　pp.1－9
明治41（1908）年「日本語の位置」『國學院雑誌』（14巻8，9，10，11号に連載）　國學院大學

藤岡（1908）の特筆すべき事項は，これまで比較言語学一辺倒であった系統論の研究方法に対して，14項目の日本語とウラル諸語及びアルタイ諸語の共通性を扱った類型論的アプローチを試みたことである。この藤岡の類型論的アプローチを用いた「日本語の位置」という論文は，後に『國學院雜誌』に所収され，現在でも，日本語系統論に関する論文に引用されている。

　なお，現代言語学では，このウラル・アルタイ語族という名称は誤謬であり，ウラル語族とアルタイ諸語とは，明確に区別されている。ウラル語族の下位分類として，サモイェード語派，フィン・ウゴル語派があり，それらの中には，ハンガリー語，フィンランド語などの諸言語が含まれている。一方，アルタイ諸語は，モンゴル諸語，チュルク諸語，満州・ツングース諸語に分類されているが，アルタイ語族と認めるためには，さらに精緻な比較言語学的観点からの論証が求められる。

　当時は，藤岡勝二だけではなく，このように日本語の系統を探索することが重要な学問の研究課題であった。お雇い外国人教師バジル・ホール・チェンバレン（1850-1935）が築いた「博言学」という学問は，「言語学」という今日まで連綿として継承されていく新しき学問分野に確立されようとしていた。明治31（1898）年には，上田の弟子が中心となって，言語学会が創設され，その2年後には，機関誌『言語學雜誌』が創刊された。この『言語學雜誌』については，第6章で詳述することにしたい。

　なお，後に，上田は，言語学研究室を弟子の藤岡に譲るわけであるが，この雑誌を最終号までみると分かるが，途中にドイツ留学をしたにも拘わらず，編集人は一貫して藤岡勝二が担当している。このような事実に鑑みると，筆者は，言語学の礎を，実質上築いたのは，藤岡勝二であると考えざるを得ないのである。第6章でも，詳細に検討するが，上記のような事項以外にも，当時の言語学のリーダー的存在を藤岡勝二と位置づける様々な理由を挙げることができる。ただし，この点に関しては，第6章の『言語學雜誌』の資料的価値を多角的な観点から分析した箇所において，詳しく述べることにしたい。この頃，上田は，すでに国語研究室を設立し，弟子の保科孝一とともに，「国語」の概念の確立を目指していた。チェンバレンが生み出した「博言学」が，上田を通して，明治38（1905）年に，「言語学」という新しい研究分野として，藤岡に託

されることになるのである。ここにおいて，藤岡と上田は，互いの目指す道標を分岐させていくのであった。

　では，現在でも，日本語系統論の嚆矢と呼ばれている藤岡勝二の日本語とウラル・アルタイ諸語の共通性に関する学説をみていくことにしたい。先述したように，現在では，ウラル語族とアルタイ諸語は全く別系統の言語で，ウラル語族は語族として認知されているが，アルタイ諸語に関しては未だ語族として成立するかは定かではない。元々，藤岡の本格的な日本語系統論の論文は，英文学者平井金三（1859-1916）の「インド・アーリア語起源説」に反駁するために，講演形式で行われたものであったが，その後，明治41（1908）年に，「日本語の位置」という題で，『國学院雑誌』第14巻第8号から第11号まで連載されることになったのである。

　藤岡は，次のように，日本語とウラル語族及びアルタイ諸語の共通点を14項目に分類している。下記の3．「母音調和（vowel harmony）の存在」に関しては，藤岡が講演をした当初，母音調和らしき痕跡が日本語の中にある可能性が知られていなかったために，藤岡自身も両者の親縁性に関して懐疑的であった。しかし，後に池上禎造（1911-2005），有坂秀世（1908-1952）が，ほぼ同時期に「上代特殊仮名遣」に関する内容を扱った論文を提出し，藤岡の論をさらに確かなものにしたと考えられるようになった。

　なお，下記に掲げる各項目に関しては，柿木（2000）を引用した。

1．語頭に連続して子音が来ることを避ける傾向がある。
2．語頭にr音が来ない。
3．母音調和（vowel harmony）の存在。
4．冠詞（article）が両言語にみられない。
5．文法上の性（gender）が存在しない。
6．膠着語的性格を有する。
7．動詞の接辞は語幹に付く。
8．代名詞による変化が接尾辞によって構成されていく。
9．後置詞（postposition）が用いられている。
10．「…をもつ」ではなく，「…に…がある」という表現法が好まれる。

11. 形容詞の比較の用法が似ている。
12. 疑問文は，文末に疑問を表わす助辞を付けることによって作られる。
13. 接続詞の使用が少ない。
14. 「限定詞」＋「被限定詞」の語順がとられる。

　現在でも，上記に掲げた日本語とアルタイ諸語との関係については，完全に証明されたわけではない。この理由として，インド・ヨーロッパ語族のように古い文献が両者に存在しないことが挙げられる。藤岡勝二の学説は，むしろ比較言語学一辺倒の時代にあって，類型論的アプローチを試みた点で評価すべきだと考えられる。

　現在，言語学界の中で，藤岡勝二という名が挙げられるとすれば，上記の日本語系統論の中でしかない。1980年代，国語学会（現日本語学会）において，この系統論に関わる問題が，大きなテーマとして取り上げられたことがあり，国語学者大野晋（1919-2008）と言語学者村山七郎（1908-1995）が持説を展開し，激しい論争を繰り広げた。現在，最も信頼できるものとしては，言語学者松本克己（2005）が提唱した「言語類型地理論」のような考え方が妥当であるが，この論によって，日本語の親縁関係が証明されたわけではない。[6]

　いずれにせよ，当時の国語学会の最大の課題であったのが，戦後も日本語の起源であったということは，注視すべきことといえよう。

　後に，台北帝国大学総長，国語審議会会長を歴任した安藤正次（1878-1952）が『言語学概論』を刊行して，日本語とウラル・アルタイ諸語の共通項を挙げながら，結論としては日本語の系統は依然不明であることを論じた。ただし，安藤の学説も，上述した藤岡の共通項目に一つ加えただけで，それほどの違いはみられない。

　なお，当時，まだ高校生であった服部四郎がこの本を読み，言語学（当初は英文学科に入学）を志したことはよく知られている。

　最後に，日本語系統論史の嚆矢とみなされている「日本語の位置」という論

---

[6] 筆者は，拙論「語源学と主要参考文献」『日本語の語源を学ぶ人のために』（世界思想社）pp.301-326において，系統論の研究時期を概ね三期に区分した。そして，藤岡（1908）が提唱した学説を日本語系統論史の嚆矢であると指摘し，この時期を系統論の黎明期と位置づけた。

文であるが，藤岡は，実際には，日本語と当時ウラル・アルタイ語族と呼ばれていた言語との共通項を述べたに過ぎず，決して日本語とウラル・アルタイ語族説を提唱したものではなかったということである。藤岡の日本語系統論に対する慎重な姿勢は，当時比較言語学の方法論を用いれば，日本語の系統を必ず解明することができると確信していた研究者にとっては，刮目すべき論文となったことであろう。

上記のことは，次に掲げる藤岡の「日本語の位置」の言説からも窺うことができる。

> 「ウラルアルタイ」に属する説を言ひますものの，まだまだ研究が終了したとは決して思はぬのです。幾多の有力な積極的な証明が出来るまではどしどし，尚進行したいと思つて居ります。

2.2.2　一般言語学

昭和13（1938）年『言語學概論―言語研究と歴史―』刀江書院

現代言語学に関する啓蒙書は，現在では数多く刊行されているが，これは，「言語学」という学問分野が，日本語ブームや日本語教育能力検定試験対策に役立つなど，実用性を有する学問分野として認知されるようになったからであろう。しかし，藤岡が活躍した頃には，そのような類の著書はほとんどなく，最もよく読まれた訳書の一つが，藤岡が翻訳したジョゼフ・ヴァンドリエス（1875-1960）の『言語学概論―言語研究と歴史―』と考えられる。この訳書も，藤岡が逝去した後，直弟子の横山辰次が中心になって，刊行されたものである。単なる翻訳書に留まらず，藤岡自身が豊富な用例を書きこんだ箇所が巧みに取り入れられ，分かりやすい啓蒙書として長く愛読されてきた。後に，金田一春彦（1913-2004）が『新版 日本語』を上梓した際にも，明らかに上記の本から用例を引用している箇所がみられる。[7]

7）金田一（1988）p.51を引用した。

フランスとスペインの間に少数の人たちによって話されているバスク語というのがあって，そこでは，日本語で「こればかりだ」という時と同じ意味で，やはりコレバカリダと言うそうだ。

ここで，金田一（1988）は，偶然の一致の例としてバスク語を掲げているが，このバスク語の例は，藤岡（1938）の『言語学概論-言語研究と歴史-』でみられ，おそらくこの例を参考にしたと考えられる。ただし，本来のバスク語では，horebakaridaとなり，全く一致しているわけではない。

また，ヴァンドリエスに関する本として，他にも，訓令式ローマ字を用いながら，日本語文法を説明した英語学者宮田幸一（1908-1989）の『ヴァンドリエスの言語學』という訳書も刊行されている。宮田（1940）の本は，かなりコンパクトであり，藤岡の没後刊行された本には，藤岡自身が書きこんだ原著にはない諸例がかなり取り入れられているのである。

2.2.3　アルタイ諸語の文献学的研究

昭和14（1939）年『満文老檔』岩波書店
昭和15（1940）年『羅馬字轉寫日本語對譯 喀喇沁本蒙古源流』文求堂

戦前のアルタイ学は，今日よりもはるかに重要な研究領域であった。新村出とともに，「ローマ字ひろめ会」の評議員を務めた東洋学の泰斗，東京帝国大学文科大学教授白鳥庫吉（1865-1942）は，日本語系統論に関わる歴史比較言語学にも精通していた。

なお，白鳥の中学時代の教師が，東京帝国大学講師を務めた後，東京高等師範学校教授に就任した那珂通世（1851-1908）であった。那珂は，モンゴル語にも大変造詣が深く，『元朝秘史』の翻訳である『成吉思汗実録』という著書でもよく知られている。「東洋史」という学問体系を確立した学者であり，国語学にも該博な知識を有していた。この辺りの経緯については，窪寺紘一（2009）の『東洋学事始：那珂通世とその時代』に詳しい。

ここで，特筆すべき事項は，那珂が歴史学者でありながら，国語調査会委員に選出されていることである。これは，那珂が，「歴史学者」という枠に留ま

らず，百八十六頁にもわたる大著『國語學』を刊行していることとも関係しているだろう．また，当時は，「国語」という理念が未だ確立していない時代であり，そのような中，歴史学者の中から，言語問題に関心を抱き，積極的に国語国字問題の学術論文を提出していた学者がいたことや，そのような研究者の中から，国語調査会，国語調査委員会の委員が選出されたことは特筆すべき事項といえよう．なお，この点に関しては，第 4 章において詳説したい．また，那珂が国語国字問題に関心をもったのは，おそらくかな文字論者として知られ，高等師範学校時代の同僚であった東京文理科大学初代学長三宅米吉（1860 - 1929）の影響があったと考えられる．三宅も那珂も，「かなのくわい」の評議員であり，三宅は，機関誌『かなのしるべ』の第 2 号と第 3 号に「くにぐにのなまりことばにつきて」という国語国字問題の分野では，よく知られている論文を寄稿している．

このように，当時は，歴史学，アルタイ学，国語学とはきわめて密接な関係にあり，藤岡勝二も，アルタイ諸語，とりわけ，モンゴル語や満州語に長けていた．『羅馬字轉寫日本語對譯 喀喇沁本蒙古源流』を精読するとすぐに分かるが，ローマ字転写（transcription）がきわめて精緻に記述されている．ただし，残念なことに，実際にこれらの優れた藤岡の訳書が公刊されたのは，彼の逝去した後であった．

2.2.4　国語国字問題（ローマ字化運動の理論と実践）

明治39（1906）年『羅馬字手引』新公論社
大正 6（1917）年『ローマ字學校（讀ミ方）』大倉書店
大正15（1926）年『ローマ字手引　改定版』ローマ字ひろめ會

藤岡勝二は，明治38（1905）年の「ローマ字ひろめ会」の結成以降，終生，ヘボン式（標準式）の普及に尽力する．会の創立の中心的人物であったが，あくまで常務評議委員という立場で，ヘボン式ローマ字表記法を普及させるために，理論と実践の面で多大なる貢献をしている．明治39（1906）年に，『羅馬字手引』を刊行した後も，理想的な文字を徹底的に追究し，ローマ字教育のバイブルともいえる『羅馬字手引』（後に『ローマ字手引き』と改称）を，13度改訂している．なお，藤岡は，明治33（1900）年 3 月に，羅馬字書方取調委員

も務めている。

　藤岡が国語国字問題，具体的にはヘボン式ローマ字採用について関心を抱いた時期については，『帝国文学』（明治29年4月10日発行）に寄稿した「言語學上文字の價值」の文から窺うことができる。藤岡は，この頃，まだ23歳の東京帝国大学文科大学博言学科の一学生に過ぎなかった。また，この号では，国文科出身の岡田正美とともに，編集委員にも再選されており，学生の身分でありながら，当時の国語国字問題において，きわめて影響力のある論文を残していたことが分かる。ただし，国字のローマ字化を目指し，後に言文一致（口語体）の必要性を痛切に感じていた頃と異なり，当時の藤岡の文章は，漢語調のいかにも硬い印象を与える文体であったことが，次の「言語學上文字の價值」の文からも窺える。

　なお，ここで，藤岡（1896）は，文字の主要な長所として，次に掲げる「空間的長所」と「時間的長所」を挙げている。[8]

　　　第一空間的長所　文字を用ゐざるときは一箇人の思想の發露せられたるものは單に其發言者所屬の小區域内にのみ知らるゝに止ると雖之を書に顯はすときはこれと同一なる思想の顯示法を有せる社會の全般を通じて知らしむることを得べし。
　　　第二時間的長所　言語は特に其發露せられたる瞬間にあらざれば直に消え去りて復た受領すること能はずと雖書に示されたる思想は永く後日に殘ることを得。而も直接に其影響を後世に蒙らしむることを得べし。

　また，後に「ローマ字ひろめ会」において，ローマ字の普及に尽力する藤岡（1896）が，この時点では，ローマ字化の必要性を感じながらも，今後の日本語の文字として適切であるのか，迷いがみられる箇所があることも，興味深いといえよう。[9]

　　　これ即ち羅馬字採用の可なるを主張する所以なり。然りと雖も前述の

8）藤岡（1896）p.25を引用した。
9）藤岡（1896）p.40を引用した。

如く吾人は今日に於て之を斷行することを望むものにあらず。世人の智識能く現今文字の不都合を悟り更に完全なる言語の表示法を渇望する機に於て之を用ふべしと云ふのみ。羅馬字と雖不完全なるところあり而も我國の語音を示さんとするに於ては大いに改良すべきところあり。依て此等は本邦語音の實狀を聲音學的に研究し符號をして能く之を示すに足らしむる價値を與へ而も科學的不都合なきに至らしむべきなり。

また，ここで特筆したい事項は，この頃すでに，藤岡が「言語學」という用語を使っていたことである。明治31（1898）年に，上田萬年が，自らの弟子を中心にして「言語学会」を創始したとみなされているが，これより以前に，藤岡勝二が，「博言学」とは異なる「言語学」の本質を，自分なりに想定していたことが考えられる。

2.2.5 辞書学

大正8（1919）年　『ローマ字引實用國語字典』三省堂
大正10（1921）年　『大英和辞典』大倉書店

　藤岡勝二が，ローマ字の辞書を刊行する以前に，藤岡の師上田萬年が，大正4（1915）年に，『ローマ字びき國語辞典』を冨山房より刊行している。藤岡の辞書のほうが，コンパクトであり，実用性を有しているが，この辞書の発音表記は，実際の音価に近いmを用いず，nと表記しており，必ずしも標準式とは一致しない個所も散見できる。藤岡は，『羅馬字手引』を何度も改訂したように，辞書編纂の折にも実用的な辞書の語彙表記とは，どのようなものがよいのか，大いに迷ったことが推察できる。
　境田（1997）は，「ローマ字引き國語辞典」と題した論文の第四章「ローマ字びき実用国語字典」において，藤岡の『ローマ字引實用國語字典』を取り上げ，次のようなことを述べている。[10]

---

10) 境田（1997）pp.26-27を引用した。

藤岡勝二著，大正八年十一月二十九日，三省堂発行（定価金壱円八十銭）。三五判よりやや小さい縦一三〇ミリ・横七四ミリ。本文は，四十二行で横二段組み，一三六三ページ。見出しの総数は八万三五五五項目。

　見出しのローマ字方式は，改正ヘボン式（標準式）を採用している。ただし，撥音はnだけである。

さらに，境田（1997）は，この字典の特長として，次のようなことを述べている。

　この辞典は，書名に「実用」「字典」とあるように，現在の用字用語辞典に近い内容である。また，収録語を比較してみると『ABCびき日本辞典』を簡略化して作られたものと推測できる。しかしながら，序文などがなく，社史『三省堂の百年』（昭和五十七年）にも言及されていないので，編纂に関する詳細は不明。なお，三省堂の辞典において書名に「国語」と入ったのは，これが最初のことである。

上記の文から，言語学の実質上の礎を築いていく藤岡であったが，あくまで「国語」という用語にこだわりをもっていたことが分かる。

　なお，藤岡が関心を抱いた辞書学の先行研究については，早川（2007）が藤岡の辞書学に関する論文を検討しながら，日本における辞書学が導入された黎明期の研究について詳細な考察を行なっている。

　なお，早川（2007）は，伝統的なウェブスター英語大辞典（国際版），センチュリー英語大辞典，スタンダード英語大辞典の総収録語彙数を掲げながら，藤岡が参照した辞書について，次のようなことを述べている[11]。

　実際，日本における英和辞典の編纂に際しても，センチュリーやスタンダードを中心に利用した辞書が編纂された。入江祝衛はセンチュリー

---

11) 早川（1997）p.355を引用した。

を参照し『詳解　英和辞典』を執筆し，藤岡勝二らはスタンダードなどを参照し『大英和辞典』を編纂した。両者を分けた差は，やはり伝統の重みだと思われる。

　早川（2007）は，この後，イギリスのジョンソン大辞典（1755）とウェブスター大辞典（1864）を比較しながら，再び英語辞書と国語辞典の編纂にふれ，上田と藤岡の名を掲げている[12]。なお，ここで取り上げられた藤岡の論文とは，『帝國文学』に寄稿した初めての本格的な学術論文のことである。明治27（1894）年に，東京帝國大学文科大学博言学科に入学した年，「辞書編纂法幷日本辞書の沿革」というきわめて難解な論文を寄稿した藤岡勝二という学生を知り，留学から帰朝したばかりの師上田萬年は，この京都から入学したばかりの青年の才にきっと瞠目したことであろう。

　　ジョンソンが一人で実行したといわれるイギリスにおける言語アカデミーの運動およびウェブスターがアメリカ国民を鼓舞したアメリカ語を独自の言語たらしめんとした愛国心が，日本語辞書編纂を目論んでいた人々の心をとらえた。
　　上田万年は，明治二十二年に東洋学会において行った講演でジョンソン辞書に言及している。彼の学生であった藤岡勝二は，明治二十九年に書いた論文でジョンソン辞書について述べている。

　大槻文彦（1847-1928）の『言海』の完成を祝った際に，初代総理大臣伊藤博文（1841-1909）をはじめ，数多の政官財の著名人が集ったことから分かるように，辞書編纂とは，本来は国家的な事業なのである。本項では，辞書学に関する詳しい考察は避けるが，藤岡が寄稿した初めての学術論文が，辞書編纂に関する論文であったことは興味深い事項であると同時に，藤岡の言語思想の黎明期に理想的な辞書編纂事業があったことは特筆すべきことといえよう。

---

12)　早川（1997）p.375を引用した。

2.2.6 宗教学

明治31（1898）年『弘法大師』傳燈會
昭和12（1937）年『方便語録』天來書房

　宗教学に関しては，藤岡自身が浄土真宗本願寺派教西寺の出自であった関係もあり，宗教に関する論文が多数残されている。上記の著書『方便語録』も，藤岡が逝去した後の論文をまとめたものである。藤岡は，宗教学者清澤満之（1863-1903）を通して，澤柳政太郎（1865-1927）とも知遇を得ている。また，宗教に関わる委員については，大正13（1924）年9月に，聖徳太子奉讚会理事（昭和10年2月まで）に就任し，同年に，帝國大学佛教青年会理事長も務めている（昭和9年まで）。

　なお，藤岡の代表的な著書『方便語録』であるが，この書は，藤岡が我が子を亡くした後，『法爾』（正信協会編纂）に寄稿した数多くの論文が，彼の逝去した後，後世の人によって，まとめられ刊行されたものである。すぐれた論考であったためか，藤岡勝二のことを宗教学者と間違っている人も多い。

　また，藤岡勝二と思想上の点で，共通点の多い学者としてサンスクリット学の泰斗高楠順次郎(1866-1945)を挙げることができる。高楠は，オックスフォード大学のマックス・ミュラー（1823-1900）の教えをうけた後，上田萬年の推薦もあり，東京帝国大学文科大学梵語学講座の教授に就任する。高楠の該博な知識は，後年の『大正新脩大藏経』の完成でも窺うことができるが，比較言語学にも精通していたマックス・ミュラーの影響をうけていただけあり，言語学にも造詣が深かった。また，藤岡勝二が中心となって創設された「ローマ字ひろめ会」にも参加して，長年，京都帝国大学教授新村出（1876-1967）とともに評議員として名を連ねている。高楠は，エスペラントにも大変関心を抱いており，新村出とともに，明治39（1906）年6月に，日本エスペラント協会の創設に尽力している。また，この折には，国史学の泰斗黒板勝美（1874-1946）が参画しており，黒板は，明治41(1908)年に，世界エスペラント大会(Universala Esperanto-Asocio)に，新村出とともに，日本代表として参加し，「黒エス」という異名をとるほどのエスペランチストであった。[13]

なお，新村出，黒板勝美は，聖徳太子奉讃会の設立にも尽力している。前述したように，藤岡勝二は，聖徳太子奉讃会理事に就任しており，ここにおいても，藤岡勝二，新村出，黒板勝美との接点をみることができるのである。

　上述した高楠であるが，後に東京外国語学校の校長に就任しており，積極的に後進の育成に努めていた。藤岡が，エスペラントに，一時期関心を抱いたのも，黒板や高楠の影響があったのかもしれない。高楠と藤岡は思想上きわめて共通した点があったが，ただ一点，異なったこととといえば，藤岡が，高楠の師マックス・ミュラーを批判したウィリアム・ドゥワイト・ホイットニー（1827－1894）の思想に深く傾倒していたことである。ホイットニーは，初代文部大臣森有礼（1847－1889）が，日本語を廃止し，簡易英語を国語にしようとした時に，敢然と反対を唱えた人物として知られている。

　なお，先に掲げた『方便語録』とは，藤岡勝二の宗教学に関する論文集といえるものであり，藤岡が逝去した後，昭和12（1937）年3月15日に刊行されている。文学博士高楠順次郎，文学博士・医学博士の冨士川游（1865－1940）が序文を寄稿し，跋文は千代田女子専門学校の木村善之に託され，宗教学的観点からみても，きわめて貴重な文献であると同時に，当時の言語学講座の実像も知ることができる第一級の資料ともいえる。藤岡勝二という人物は，幼き頃より仏教に帰依していたとはいえ，先述したように，彼のことを宗教学者と誤記する人もいるほど，数多の仏教関係の著書や論文を残している。大正7（1918）年には，医学者冨士川游が藤岡勝二とともに「正信協会」を創設して，『法爾』を創刊している。この雑誌には，宗教学的観点からみても，きわめて貴重な藤岡の論文が数多く寄稿されている。また，藤岡は，西本願寺の生まれであるため，宗祖親鸞（1173－1262）に関する論文を多く残しているが，その研究対象は，浄土真宗に留まることなく，聖徳太子や弘法大師の研究にまで及び，綿密な考察を試みている。これは，彼が，聖徳太子奉賛会理事を務めたことや，若き頃，真言東京中学校で教鞭をとった事実と無縁ではないであろう。藤岡が，『元朝秘史』，『アルタン・トブチ（黄金史綱）』とともに，モンゴル三大文学の一つといわれる仏教的色彩の濃い『蒙古源流』を，内容を正確に把握しながら，

---

13) 田中（2007）を参照した。

翻訳できた背景には，このような仏教的精神に深い理解があったからに違いない。

また，ここで注目したい事項は，一見関係がないとみられる藤岡勝二のローマ字化運動の理論及び実践と宗教との関連性であろう。藤岡が自ら，ローマ字化運動と宗教との関連性について述べた論文は残されていないが，できるかぎり文字を簡単にして，誰もが読めるような文体の創出を目指したのは，その背景に仏教の弘通という目的があったのではないかと筆者は考えている。

ここで，藤岡勝二が，仏教学者高楠順次郎と厚い友誼の関係にあった事実を窺わせる箇所を，次の『方便語録』から掲げることにしたい。

高楠は，藤岡が逝去した後，刊行された『方便語録』に対して，次のような序文を残しているのである。

序

君と予とは特殊の関係あり。帝国大学に於て，君は上田博士の後継者として大学院に在りて孜々勉学せし時，驟に博士が本省に入りて専門学務局長となるに当り，予は代つて言語学教授となり，君の留学帰朝までの連鎖となりしことあり。爾来言語学と梵語学とは，その研究室を一にし，その学生も多くは共通に諸学せしを以て，両講座の関係は最も緊密を加ふるに至れり。我が国精神界に於ても君と志を同うして工作しつつありしもの亦鮮からず。

昭和十二年二月十五日涅槃節

高楠順次郎　識

本節は，藤岡勝二と仏教学との関係を検討することが主たるテーマではないため，ここにおいて深く考察することは避けることにする。上記の文において，最も特筆すべき点は，藤岡勝二が留学中，「博言学」から脱し，新しき学問として「言語学」という学問を打ち立てようとしたとき，その間，東京帝国大学文科大学の言語学を担当したのが，高楠順次郎であったということである。し

かも，高楠は，そのことば，すなわち，「予は代つて言語学教授となり，君（藤岡勝二）の留学帰朝までの連鎖となりしことあり」という文からも窺うことができるように，すでに，この頃，上田が自らの言語学講座の後継者を明らかに，藤岡に託していた証左にもなりえるのである。実際に，藤岡は，帰朝したあと，東京帝国大学の講師，助教授に順調に昇進していく。このような当時の言語学の実情を知る上でも，『方便語録』はきわめて重要な資料となりえるのである。

なお，藤岡が，エスペラント運動に参加して，日本語の文字，文体を変える必要性を強く感じたのは，上田の国語，国家，国民の三位一体の国語ナショナリズムに触発されたものではない。むしろ，学びやすい大衆性を有した簡素化された言語，文字によって，仏教の普及を考え，少しでも多くの人々に仏教の本質を理解してもらいたいとの思いがあったのではないかと推察できる。かつて，大本教がエスペラントを普及させることによって，宗教の伝播を目指したように，藤岡勝二も，単なる宗教の研究に留まるのではなく，多くの人々に，仏教，とりわけ浄土真宗の教えを，理解してもらいたいという目論見もあったのではないかと筆者は考えている。

2.2.7　日本語教育

『言語學雜誌』（雑報）第 1 巻第 2 号

本項目だけは，藤岡勝二が直接執筆した著書や論文は存在しないが，『言語學雜誌』第 1 巻第 2 号の「雑報」によって，かつて藤岡勝二が，日本語教育に従事していたことを知ることができる[14]。

次に，『言語学雑誌』の「雑報」から，「淸國留學生と日本語」という題の文を掲げることにしたい。本文は，『言語學雜誌』第 1 巻第 2 号252頁より引用した。なお，「藤岡文學士」という箇所の下線は筆者が施したものである。

　　まづ横濱には廣東人が創立した大同學校があり，東京にも牛込五軒町

---

14) 本項は，平成19年度春季大会日本語教育大会において，「1900年前後における日本語教育と言語学の関係について」と題し，研究発表した資料を基にして，加筆，修正を施したことを付記しておきたい。

にそれと關係ある高等大同學校がある。後者には，<u>藤岡文學士</u>が日本語を教授してゐたことがあつた。

ここで，上記の「高等大同學校」の実態について説明を加えておきたい。高等大同學校とは，明治31（1898）年に設立された日本語学校のことであるが，ほぼ同時期に神戸でも，日本語学校が設立されている。元々は，この前年に，辛亥革命の指導者孫文（1866-1925）が華僑の子弟を教育する目的で，横浜に日本語学校を設立したのが始まりであったのだが，この頃より，清国からの留学生が増加の一途を辿ることになる。

このような中，東京にも日本語学校が必要となり，名誉校長には，犬養毅（1855-1932）が就任して，東京にも新しい日本語学校が設立されることになるのである。

では，『言語學雑誌』に残された資料をもとに，清国留学生に対する日本語学校には，どのような人物が携わっていたのかみていきたい。

なお，本文は上掲書と同じく『言語學雑誌』第1巻第2号の「雑報」から引用した。

　　　　嘉納治五郎の監督してゐる留学生は三矢重松が専ら教育してゐるといふ事だ。

上記の文から，『高等日本文法』（1908）の著書のある国語学者三矢重松（1871-1923）も，この頃，嘉納治五郎（1860-1938）の下で日本語教育に従事していたことを，窺うことができる。ただし，三矢が日本語教育に携わっていたことは，日本語教育関係者の間ではよく知られていることであり，明治32（1899）年，大阪府立第五尋常中学校の教諭時代に，嘉納に請われて，亦楽書院（後の宏文学院）で，清国留学生に日本語を教えるようになったとされている。

以上，2.2.1～2.2.7まで，藤岡勝二の多彩な研究テーマについてみてきたが，一瞥すると全く関連性がないように思える項目も，実に密接なつながりを持った研究テーマとして捉えることができるのである。

筆者は，2002年度国語学会（現日本語学会）春季大会において，「藤岡勝二

の言語観―系統論と国語国字問題をめぐって―」という題目で，初めて藤岡勝二という名を冠した研究発表を行った。ここで，筆者は，日本語系統論，アルタイ諸語の研究，日本語教育の実践が密接に関わっていることを指摘したことがある。日本語系統論に関わりが深いアルタイ諸語，特にモンゴル語，満州語を正確に読みこなすためには，いったん，各々の文字をローマ字転写 (transcription) しなければならない。また，縦文字のモンゴル語文語の場合は，tとd，kとgの区別さえできないため，これらの文字に慣れ，正確にローマ字化して翻訳しながら，文意を理解するためには，相当な時間を費やさねばならず，きわめて厄介な文字体系といえるのである。藤岡は，数多くのアルタイ諸語の文献を翻訳しており，もし，こうした文字が，初めからローマ字なら，どれほど効率的で，理解しやすいか，アルタイ諸語文献研究を通して，感じていたはずである。また，漢字圏内の中国の留学生といえども，日本語を教える際には，決して日本語の漢字表記と意味が一致するとは限らないため，ローマ字教育の必要性をさらに痛感したと推測できるのである。

　このような日本語教育の経験は，きっと，後のローマ字化国字運動へと，藤岡を誘ったことであろう。

　藤岡のアルタイ諸語の研究，日本語教育，ローマ字化国字運動の接点が，こにおいてみることができるのである。

3章　国語調査委員会官制発足以前の状況

　国語調査委員会の全容については，様々な諸資料の研究成果によって，徐々にその実態が明らかにされてきた。しかし，未だその全貌が解明できないのは，本調査委員会の研究活動を理解する上で，最も重要な資料となる議事録が残されていないからである。現時点において，最も信頼できる刊行物として，『国語施策百年史』(2006) を挙げることができるが，この点において，上掲書では，次のように述べられている。[15]

　　　　国語調査委員会の具体的な活動の様子については，毎回の議事録が作成されていたはずであり，それらを見れば詳細が把握できるものと期待できる。しかし残念ながら，文部省内や国会図書館，その他の公的機関には現存しておらず，幾つかの成果刊行物，官報その他の関連記事，関係者による関連論文や回想録などから，推測するしかない。

　上述した内容から判断すると，国語調査委員会が果した役割について，まだまだ研究する余地が残されているのではないかと考えられる。また，現在の研究の主眼である藤岡勝二の言語思想も，国語調査委員会に関する論文や国語国字問題についての研究書において，正当に評価されているとは言い難い。先述したように，近代国語史の研究者として知られたイ (1996)，安田 (2006) の論著でも，藤岡勝二という名は，本格的に取り上げられておらず，上田萬年から，明治38 (1905) 年に，東京帝国大学文科大学言語学講座を継承しながら，

---

15) 本文は，文化庁 (2006) p.119を引用した。

研究者としては凡庸な学者であったという印象をうけざるを得ない。しかしながら、藤岡は、明治31 (1898) 年に、上田萬年の弟子を中心に結成された言語学会機関誌『言語學雑誌』において、自らの論文を寄稿するばかりでなく、1900 (明治33) 年2月の創刊号から1902 (明治35) 年9月刊行の第3巻第3号の最終号に至るまで、編集人としての仕事を務めあげ、実質上、上田萬年に代わり、「博言学」から脱した「言語学」という確立された学問分野を自ら築き上げようと尽力していたのであった。また、後述するが、『言語學雑誌』は、今日でも言語学の第一級の資料的価値を有しているといえる。

なお、当時の国語調査委員会での重要な懸案事項は、「標準語」、「言文一致（口語体）」、「仮名遣い」の三つに集約することができるが、いずれの事項も、国語調査委員会の会議において、詳細に検討され、会の基本方針や活動の方向性を位置づける重要な問題となっている。さらに、国語調査委員会の特徴的な点は、専門領域の異なる各委員が、決議事項について論議を何度も重ね、結論を導きだしていたことである。藤岡は、明治38 (1905) 年2月に、3年3カ月のドイツ留学から帰朝した後、明治38 (1905) 年10月12日に正式に国語調査委員会委員に就任し、以降、重要な役割を果していくのであった。

次に、国語調査委員会の研究活動の実態と、国語調査委員会と「国語」の確立において、藤岡勝二がどのような影響を与えたのか、考察していきたい。

3.1　帝国教育会の言文一致会

当時の重要な懸案事項であった「言文一致」の問題であるが、いち早く帝国教育会内にも「国字改良部」が設けられ、様々な討議が行われた。「国字改良部」に属していた上田萬年の関心も、「標準語の選定」だけではなく、「言文一致」にもあったことを窺うことができる。仁田 (1999) が指摘したように、上田は、明治22 (1889) 年に、グリム童話の一話を翻訳し、『おほかみ』という題名で訳書を刊行している。この中で、特筆すべき事項は、上田がすでに、本文中において、「棒引仮名遣い」、すなわち長音符「ー」を用いていることである[16]。「棒

---

16) 仁田 (1999) p.32を参照した。

引仮名遣い」に関する詳細な考察は，後述するが，上田のこのような実践が，藤岡勝二の『言語學雑誌』にみられる「棒引仮名遣い」の使用へと引き継がれていったのであろう。

　また，在野においても，次第に言文一致に対する関心が高まりをみせ，明治33（1900）年3月に，帝国教育会内に「言文一致会」が発足したのである。帝国教育会が，議会に，「國字國語國文ノ改良ニ關スル請願書」を提出し，明治33（1900）年4月，文部省は，前島密（1835－1919）を委員長とした国語調査委員を任命することになるのである。当初の委員は，国語学者の上田萬年の他に，史学，教育学，ジャーナリズム等，様々な分野を専門とする7名で構成されていた。筆者は，ここで，当時の委員の構成が，国語国文以外の専門家が含まれていたことに注目したいと考えている。この点に関しては，次の国語調査委員会のメンバーを掲げる際に，詳述したい。

　このような状況に鑑み，帝国教育会内言文一致会は，明治34（1901）年2月に「言文一致ノ実行ニ就テノ請願」を，貴族院・衆議院に提出し，可決されることになる。翌明治35（1902）年3月に，東京帝国大学総長（東京大学綜理も歴任）加藤弘之（1836－1916）が委員長となり，彼が，ドイツ留学を奨め，当時の最新の比較言語学の研究成果を学んだ上田萬年を主事として，国語調査委員会が官制として，正式に設立されるのである。上田は，この折，主査も兼ねていたが，この主査には，国語学の碩学大槻文彦も就任している。当時，国語調査委員会委員の中で，最も若い上田が，いかに今後の国語の方針を担う研究者として嘱望されていたかを窺える事実といえよう。

　この後，大正2（1913）年6月13日に，国語調査委員会が廃止されるまで，国語調査委員会の活動は続くことになるのである。

3.2　国語調査会（1900－1902）と委員

　本節では，まず，国語調査委員会以前に存在した国語調査会の委員を掲げることにしたい。明治33（1900）年4月2日付で，前島密を委員長とした次の委員が，文部省から委嘱をうけることになる。前島は，一般には，郵便制度を確立した人物として知られているが，慶応2（1866）年に「漢字御廃止之議」を

徳川慶喜（1837-1913）に上申し，帝国教育会内の「国字改良部」の部長として活躍しており，かな文字論者として国字問題に精通した研究者とみられていたのである。しかしながら，後述するように，『言語學雜誌』の雑報欄を読むかぎりにおいては，前島自身は，かな文字を使用するのは当面の間だけであり，将来はローマ字を国字にするのが望ましいと考えていたようである。

なお，他の委員には，下記にみられるように，実に多彩な研究分野の学者たちが含まれている。また，委員以外にも，明治33（1900）4月13日付で，『東京日日新聞』の主筆であった朝比奈知泉（1862-1939）が，国語調査会委員に任命されていたことも付記しておきたい。朝比奈（1897）は，後にローマ字化運動の推進者となり，国語調査会委員就任以前に，「日本今後の文字と文章」において，実用面において，漢字使用が日本語に適さないことを理路整然と説いている。

野村（2008）は，こうした漢字批判の中，漢字擁護派の主張について次のようなことを指摘している。ここでは，「漢字擁護派の主張」という題の一文を掲げてみたい。[17]

　　このような改良派の意見に対して，擁護派の主張があらわれるのは，明治20年代の後半からである。この時期は，改良運動が何度目かのたかまりかをみせていた半面，日清・日露両戦役のあいだにあって，国粋主義的な思潮も勢力をえていたときでもあった。おもなものには，三宅雪嶺「漢字利導説」（1895年，明治28），重野安繹「常用漢字文」（1899年，明治32），井上円了「漢字不可廃論」（一名国字改良論駁撃）」（1900年，明治33），杉浦重剛「国字問題に関する意見」（1900年），市村瓚次郎「文字と言語との関係」（1900年）がある。

　　三宅のかんがえは，漢字に欠点のあることをみとめつつも，むしろ長所をのばし，漢字を利用すべきだとするものである。教育上の困難は，教授法の改善でおぎなえるとする。そして，東洋世界に共通の文字として，漢字を存続することが有益だという。

---

17) 野村（2008）p.60を引用した。

3.2 国語調査会（1900－1902）と委員

　上記の文で特筆したい事項は，「漢字利導説」を唱えた三宅雪嶺，本名三宅雄二郎（1860－1945）が，国語調査会委員に任命されていることである。この点に関する経緯や国語調査会の果した役割については，後述することにして，まず，当時の国語調査会のメンバーを掲げることにしたい。[18]

　　　　国語調査会委員
　　　国語調査会委員長　　　　　　　　　　　　　　前島密
　　　東京帝国大学文科大学教授　文学博士　　　　　上田萬年
　　　高等師範学校教授　　　　　　　　　　　　　　那珂通世
　　　文学博士　　　　　　　　　　　　　　　　　　大槻文彦
　　　　　　　　　　　　　　　　　　　　　　　　　三宅雄二郎
　　　　　　　　　　　　　　　　　　　　　　　　　徳富猪一郎
　　　　　　　　　　　　　　　　　　　　　　　　　湯本武比古

　なお，各委員の生没年及び専門分野や歴任した主要な要職などを付記すると次のようになる。

　　　前島密　　　天保6（1835）年－大正8（1919）年
　　　（官僚　　貴族院議員　東京専門学校校長）

　　　上田萬年　　慶応3（1867）年－昭和12（1937）年
　　　（国語学　言語学　　文部省専門学務局長
　　　　　　　　　　　　　貴族院帝国学士院会員議員
　　　　　　　　　　　　　国語調査委員会主査委員）

　　　那珂通世　　嘉永4（1851）年－明治41（1908）年
　　　（国史学　東京高等師範学校教授
　　　　　　　　東京帝国大学文科大学講師）

　　　大槻文彦　　弘化4（1847）年－昭和3（1928）年
　　　（国語学　国語調査委員会主査委員）

　　　三宅雄二郎　万延元（1860）年－昭和20（1945）年
　　　（哲学者　評論家　文化勲章受章者）

---
18) 当時の委員とその役職については，文化庁（2006）p.111を参照した。

```
徳富猪一郎    文久3（1863）年－昭和32（1957）年
（評論家    貴族院勅選議員）

湯本武比古    安政2（1856）年－大正14（1925）年
（教育学者    東京高等師範学校教授    高等教育会議員）
```

　上記の委員の生没年から判断して，当時33歳の上田萬年が最も若くして，国語調査会委員に任命されていることが分かる。また，各委員の専門であるが，明治30（1897）年に，帝国大学に国語研究室を創設して，「国語」という概念を築こうとした上田萬年とすでに『言海』を完成させ，国語学の碩学とみなされていた大槻文彦を除くと，専門外の委員も数多く任命されている。ただし，いずれの委員も国語国字問題に大変関心をもっていた研究者であることは間違いない。

　例えば，既述したように，那珂通世は，「東洋学」を確立した歴史学の権威であると同時に，『國語學』という著書も刊行している。三宅雄二郎は，三宅雪嶺という名で，当時の言論界でも広く知られていた。徳富猪一郎（1863-1957）も，徳富蘇峰という名で，実弟徳富蘆花（1868-1927）と同様，ジャーナリズム界において強い影響力を有していたが，この頃は，まだ30代の上田に次ぐ若い委員であった。東京高等師範学校教授湯本武比古（1857-1925）は，帝国教育会の評議員を務めた著名な教育学者である。湯本は，国語調査会委員就任の前年，「漢字不可廃論」で知られた漢字擁護派井上円了（1858-1919）と私立中学校の建設にも尽力していた。国語調査会委員に就任時には，すでにヘルバルト教育学派として，教育学の分野の泰斗といえる人物であった。なお，上述した三宅雄二郎は，明治21（1888）年に井上円了等とともに，雑誌『日本人』の創刊にも参加している。

　後の国語調査委員会は，加藤弘之の強力なリーダーシップの下，「漢字廃止論」を前提にして，国語の方向性を決定していくのだが，官制以前の段階の国語調査会のメンバーを見ると分かるように，この頃はまだ，国語国字問題に対する確固たる方針はなく，漢字廃止論，新国字論，ローマ字論，かな文字論，いずれの国字を採用すべきか，議論の途上であったと考えられる。委員には，漢字廃止論者ばかりでなく，漢字を節減しながら，有効に漢字を利用しようとする

3.2 国語調査会 (1900−1902) と委員

「漢字利導説」を唱えた三宅雄二郎のような委員も含まれていた。先述したように，三宅は，当時としては珍しく，漢字廃止論に対して真っ向から反対した哲学館（現東洋大学）の創始者井上円了とも深い交流があり，井上は，委員の湯本とも知遇を得ていた。なお，上田の有名な講演「國語と國家と」，藤岡勝二の「言語學」の講義も，この哲学館で行われている。

このような事情を考慮すると，国語調査会が創始された段階において，漢字廃止論が前提になっていたとは決して思えないのである。この中で，どのような議論がなされたのか，現時点では，議事録が残されていないため，種々の文献や資料から推測するしかないが，概ね，この委員会が解散する頃には，委員会の基本方針である「漢字廃止論」が大前提になっていたと考えられる。

そして，国語調査会が発足した 2 年後，明治35 (1902) 年に，官制としての国語調査委員会が本格的に活動を開始し，「標準語」「言文一致」「仮名遣い」といった今日の「国語」の根幹に関わる重要な問題に取り組むことになるのである。

なお，国語調査会議事録自体は残されていないが，『言語學雑誌』の雑報欄には，次のような特記すべき記事がみられ，当時の様子をある程度知ることができる。[19]

○ 國語調査會

　前號に披露した國語調査會は，その後新に朝比奈知泉氏を委員に加へて，第 1 回の會合を四月十六日午後，文部省に於て開き，上田博士が監事になり，保科氏が書記に嘱託された。委員の任命嘱託について，かれこれの評があるが，オフキシアリズムを離れ，多方面の人士を舉げた所など世間に受けがよい方である。或は尾崎紅葉氏，幸田露伴氏を，文士の代表者とし入れよといひ，又漢字保存論者なる井上圓了氏を加へよとか，または井上哲次郎の名を委員中に見ないのは遺憾であるとか，新字論者をも参考のため入れてはどうだなゝいふ注文も世間に見うけた。しかし希望すればはてしがなく，又人によりては希望しても應じない都

---

19) 本文は，『言語學雑誌』第 1 巻第 4 号 (5月20日発行) pp.486−487を引用した。

合があるので，まづあれほどの顔觸を選んだのは卓見といつてもよかろう。さて調査の事項，今後の方針については，まだ確定しないが，上田博士が『太陽』記者に語つた所によれば，博士の希望は「國語調査に關する大體の方針を定めるに止め，其の精細な點は更に専門の學者に委ねることにする事です」とある。次に國字論に關して委員諸氏の意見を聞くに同博士は元より羅馬字説を取られるものであるが，さりとて今日直に羅馬字にするといふのではなくて，たゞ將來の國字を羅馬字にすると云ふ大方針を立て、，そしてこの大方針に基いて國語の調査をすることに進むべしと主張されるのである。また初めの内は從來の文字と羅馬字とを併用し，その自然淘汰に任せるが好いと論ぜられるのである。前島委員長は最も實行し易いといふ點から假名説を取り大槻博士及び湯本氏は將來の國字は終には羅馬字にならなければならないことを認めながら現今の趨勢上假字説を主張し，三宅氏も亦一là羅馬字論であるが，今日實施する點からは，漢字節減論に傾き，朝比奈氏は羅馬字論者，那珂氏は假字論者であらうか，また德富氏はどうであらうか，その邊まではまだ聞き及ばぬ。精しいことはいづれ次號に論述するとしよう。

ここで，注目すべき事項は，委員の候補として，尾崎紅葉（1867-1903），幸田露伴（1867-1947）のような小説家や漢字擁護論者の井上円了，そして，哲学者井上哲次郎（1855-1944）の名前が挙がっていたことである。ただし，幸田露伴は，小説家ではあるが，京都帝国大学創設時に，教授として招聘されており，教育者としての一面をみることができる。

また，上記の文をみる限りでは，この段階では，次の国語調査委員会で自明のように思われていた「漢字廃止論」がそうではなかったことが分かる。上田萬年は，この頃よりローマ字派であったことも窺うことができるが，現今は，仮名を認めており，従来の文字とローマ字を使用した後は，自然淘汰に任せるという柔軟な考えをもっていた。当時は，藤岡勝二のローマ字論よりはるかに穏健的なローマ字論者であったといえよう。さらに，特筆すべき事項は，一貫してかな文字論者とみなされていた前島密，大槻文彦，湯本武比古のうち，大槻と湯本が，現今はかな文字だが，将来的にはローマ字にすることが望ましい

3.2 国語調査会 (1900-1902) と委員

と考えていたことである。

ちなみに，この雑報欄の記事には，様々な点で注目すべき箇所が散見できる。下記に，この号の雑報欄と紹介並に批評の欄を掲げてみると次のようになる。

　　　雑報
　　　　○言語學會大会
　　　　○國語國文國字の改良に關する輿論
　　　　○大阪毎日の振假名改革論を評す
　　　　○言語學研究の急務
　　　　○『萬葉集代匠記』の翻刻
　　　　○佛骨について
　　　　○外國音の寫方
　　　　○方言採集者に望む
　　　　○外国官と語學者
　　　　○國語調査會
　　　　○國字改良と國文學及漢文學

次は，紹介並びに批評の項目である。

　　　紹介並に批評
　　　　○琉球語研究資料　田島利三郎編
　　　　○漢字不可廃論　　井上圓了著

まず，はじめの「言語學會大会」では，上田萬年を中心に設立された言語学会の当日の出席者の名簿が全て網羅されている。また，その前文では，藤岡が，漢字擁護論者に対して，持論の漢字廃止論を唱え，激しい論を展開している箇所がみられる。

では，下記に当日の大会の全ての出席者とその前文を記すことにする。

なお，下記の文は，『言語學雜誌』（第1巻第4号）の471頁に記載されたものを掲げたことを付記しておく。

　　　　なほ時節柄龜山玄明氏の漢字保存論，藤岡勝二，長蓮恒兩

氏の之に對する駁論など賑々しき爭論があつて，やがて宴も終わつた後，再び樓上の室で三々五々うちよつて談話に時を移し，散會したのは夜十時頃であつた。當日の來會者は次の如くである。

伊澤修二	君	入澤達吉	君
池田貞雄	君	上田萬年	君
内海弘造	君	大槻文彦	君
大伴來目雄	君	小川尚義	君
岡田正美	君	岡野久胤	君
加藤弘之	君	加藤玄智	君
加藤直久	君	神田乃武	君
龜山玄明	君	清澤滿之	君
齊藤唯信	君	新保寅次	君
杉　敏介	君	菅原　傳	君
高楠順次郎	君	高木尚介	君
長　蓮恒	君	常磐井堯猷	君
那珂通世	君	フローレンツ	君
保科孝一	君	本田　弘	君
前田慧雲	君	三宅雄次郎	君
村上專精	君	矢野道雄	君
吉田賢龍	君	渡邊　良	君
藤岡勝二		新村　出	
八杉貞利			

　ここで，注目すべきことは，藤岡勝二，新村出，八杉貞利（1876-1966）の三名には，「君」という敬称が付けられていないことである。これは，この三名が当時の言語学会の創設において，実質的な活動を行なっていたからだと推測できる。後に掲げる八杉の当時の日記でも分かるように，言語学会の創立は上田の意向によるものであるが，実質上の運営においては，直弟子の藤岡勝二を中心として，新村，八杉が活躍していたのである。
　次の「國語國文國字の改良に關する輿論」には，当初，国語調査会委員には坪内逍遥（1859-1935）の名前も挙がっていたが，この要請は，坪内本人から断わられた経緯があった重要な事実が記述されている。

3.2 国語調査会 (1900-1902) と委員　41

　また，藤岡勝二に関しては，この号の473頁において，『古今文學』第2号に「文字」という題の論文を寄稿していた事実が判明している。
　さらに，「言語學研究の急務」においては，「言語学」の理解を唱えるとともに，その代表的文献として，藤岡文学士の『古今文學』，『哲学館講義録』等が掲げられている[20]。
　また，言語学とは別の側面として，宗教に関する項目である「佛骨について」には，次のような記述もみられる[21]。藤岡は，この際に，仏教研究のため，真宗大谷派法主や関係者十数名，南條博士とともに，行動をともにしている。

　　……また員外には藤岡文學士も言語及び歴史探究の側より同行したのであるから，一行の歸朝後には何等かの新報告を得るだらうけれども，今は高楠博士の談話によつて佛骨の由來の概畧を紹介するのである。

　なお，参考のために，雑報欄以外に，「紹介並に批評」の項目も掲げておいたが，ここでは井上円了の「漢字不可廃論」について厳しい見方がなされている。
　以上，みてきたように，当時の国語調査会委員のメンバーには，様々な専門領域や考えを有した学者が揃っていたが，基本的には，漢字廃止の方向にその潮流は徐々に向かいつつあったことも事実である。しかしながら，それは，当初からの決定事項ではなく，様々な分野の研究者たちの意見を集約した上で，国語国字問題に取り組もうとする姿勢が強くみられたのである。また，尾崎紅葉といった言文一致に詳しい作家たちも，候補に挙がっていたという事実も興味深い。
　では，次に国語調査会の後に官制として設置された国語調査委員会について詳しくみていくことにしたい。

---

20) 藤岡の業績については，『言語學雜誌』第1巻第4号のp.473及びp.477を参照した。
21) 本文は，『言語學雜誌』第1巻第4号p.479を参照した。

4章　国語調査委員会（1902 – 1913）について

　わずか，2年でその活動を終えた国語調査会に比べ，国語調査委員会の活動は，実に11年という長期にわたって行われた。

　次に掲げる項目に従って，この国語調査委員会の全貌を明らかにしていきたい。

4.1　国語調査委員会の委員

　まず，下記に，国語調査委員会の委員の名前を掲げることにしたい。国語調査委員会は，加藤弘之を国語調査委員会委員長として，東京帝国大学文科大学教授上田萬年が，主事と主査に就任している。加藤は，東京大学綜理と帝国大学総長を歴任しており，国語調査会が認められた契機となった「國字國語國文ノ改良ニ關スル建議」の発議をしている。また，明治31（1898）年に発足した「國字改良会」の発起人でもある。

　なお，国語調査会委員の後も，継続して委員に就任したのは，上田萬年，徳富猪一郎，大槻文彦である。国語調査会委員長の前島密は，当初は，一委員として参加していたが，後に病気を理由にして委員を辞退している。

　では，下記に国語調査委員会の委員全員と当時の肩書や爵位を掲げることにしたい。[22]

　　　　　国語調査委員会委員長被仰付　　正三位　　文学博士　　男爵　　　　加藤弘之

---

[22] ここでの名簿は，文化庁（2006）pp.114 – 115を参照した。

4章 国語調査委員会 (1902-1913) について

		嘉納治五郎
東京帝国大学文科大学教授	文学博士	井上哲次郎
文部省普通学務局長		澤柳政太郎
東京帝国大学文科大学教授	文学博士	上田萬年
東京帝国大学文科大学教授	文学博士	三上参次
文部省書記官		渡辺董之介
東京帝国大学文科大学教授	文学博士	高楠順次郎
正四位文学博士		重野安繹
正五位		徳富猪一郎
従五位	文学博士	木村正辭
従七位	文学博士	大槻文彦
国語調査委員会委員被仰付	従三位	前島密
国語調査委員会主事ヲ命ス	国語調査委員会委員　文学博士	上田萬年

　上記の例から，13名の委員が，今後の国語調査委員会の基本方針を決定すべく，委員に就任していることが分かる。個々の委員の専門性を調べると気づくが，国語の調査といっても，実に多彩な分野の研究者で構成されている。ただし，この調査委員会の決定事項は，国語調査委員会の調査方針の一番目に記されているように，漢字廃止が議論の余地のない前提となっていることである。

　なお，この半年後，明治35 (1902) 年9月25日に，芳賀矢一 (1867-1927) が正式に委員に就任している。以降は，上田の弟子が補助委員として参加している。藤岡勝二は，ドイツ留学を終えた明治38 (1905) 年2月14日に帰朝した後，同年10月12日に，正式に国語調査委員会委員に就任している。藤岡は，明治31 (1898) 年4月に，後に国語調査委員会補助委員となる保科孝一，岡田正美とともに，「国語」に関する事項取調の嘱託に就任し，翌明治32 (1899) 年5月には，高等師範学校において「国語」科講師の嘱託も兼任している。国語調査会，国語調査委員会の創設以前に，藤岡が，「国語」に関してどのような理念を有し，保科，岡田とどのような話し合いをしたのか，さらに調査すべき重要な課題が残されているといえよう。

　筆者は，後の「国語」の理念の礎となる基本方針も，この三人の意見が大きく影響したのではないかと考えている。新しき「国語」の概念の確立には，上田とともに，藤岡を中心とした若き言語学徒が携わっていたのである。

なお，国語調査委員会が官制となり設立された後，委員，補助委員，臨時委員となったメンバーを掲げておきたい。[23] 臨時委員の元良勇次郎（1858-1912），松本亦太郎（1865-1943）はともに当時の心理学の第一人者で，明治37（1904）年4月に，『片假名平假名読ミ書キノ難易ニ關スル實験報告』という文章の読み書きの効率化に関する実験を行なった際に，委員を委嘱されている。

```
補助委員    林泰輔  保科孝一  岡田正美  新村出  大矢透
           （前島の依願退職，重野，木村の逝去による補充）
委員       金澤庄三郎  藤岡勝二  大矢透  服部宇之吉
           松村茂助  田所美治
補助委員   （調査事務嘱託）山田孝雄  亀田次郎  神田城太郎
                          榊原叔雄  本居清造
臨時委員   元良勇次郎  松本亦太郎  佐藤誠実
```

こうした状況の中，国語調査委員会は，明治35（1902）年4月24日に，第1回の委員会を開始し，この活動は，実に11年間，大正2（1913）年まで続くことになるのである。

4.2　国語調査委員会の調査方針と活動状況

次に国語調査委員会の調査方針を掲げることにする。[24]

　　　○国語調査委員会決議事項　国語調査委員会ハ本年四月ヨリ
　　　同六月ニ渉リテ九回委員会ヲ開キ其調査方針ニ就キテ左の如
　　　ク決議セリ（文部省）

---

[23] 補助委員の林泰輔（1854-1922）は「朝鮮史」の研究で知られており，東京帝国大学助教授を務めている。一方，委員の服部宇之吉（1867-1939）は，中国哲学が専門であり，東京帝国大学教授を歴任した後，京城帝国大学総長に就任している。二人のより詳細な経歴や業績については，『東洋学の系譜』を参照されたい。

[24] 国語調査委員会の調査方針は，明治35（1902）年7月4日の『官報』において明記されたものである。調査方針は，『国語施策百年史』pp.116-117を参考にしたが，歴史的仮名遣いに関しては，当時のままの表記にしたことを付記しておきたい。

4章 国語調査委員会(1902-1913)について

　一　文字ハ音韻文字(「フォノグラム」)ヲ採用スルコト、シ假名羅馬字等ノ得失ヲ調査スルコト
　二　文章ハ言文一致體ヲ採用スルコト、シ是ニ關スル調査ヲ爲スコト
　三　國語ノ音韻組織ヲ調査スルコト
　四　方言ヲ調査シテ標準語ヲ選定スルコト

　本會ハ以上四件ヲ以テ向後調査スヘキ主要ナル事業トス然レトモ普通教育ニ於ケル目下ノ急ニ応センカタメニ左ノ事項ニ就キテ別ニ調査スル所アラントス。

　一　漢字節減ニ就キテ
　二　現行普通文體ノ整理ニ就キテ
　三　書簡文其他日常慣用スル特殊ノ文體ニ就キテ
　四　國語假名遣ニ就キテ
　五　字音假名遣ニ就キテ
　六　外國語ノ寫シ方ニ就キテ

　次に，このような国語調査委員会の調査方針を具体化するために，どのような委員会が開かれたのか，下記に掲げておきたい。ほぼ11年間で，次のような回数の委員会が開催されている。年度によって異なるが，数多くの委員会が開催され，活発な議論が展開されていたことが想起できる。[25]

表1　国語調査委員会開催年度と回数 (開催年度　明治35(1902)年4月～大正2(1913)年6月13日)

開催年	02	03	04	05	06	07	08	09	10	11	12
本委員会	27	30	33	35	27	24	15	21	8		
特別委員会	11	7	0	0	0	0	0	13	48	16	18
起草委員会	82	52	33	22	2	6	6	5	5	43	78

---

25) 国語調査委員会の開催年度と回数については，文化庁 (2006) を参照した。

4.3　国語調査委員会の研究成果

　国語調査委員会は，11年間の活動の中で，数多くの研究成果となる著書を刊行している。主に，委員，補助委員が中心となって，後の「国語」の研究にも多大なる影響を与えることになった。なお，研究途上で国語調査委員会が廃止されたため，その後に刊行された著書もみられる[26]。

　　明治37（1904）年4月
　　『國字國語國文改良論説年表』

　　明治37（1904）年4月
　　『片假名平假名読ミ書キノ難易ニ關スル実験報告』
　　（元良勇次郎，松本亦太郎）

　　明治37（1904）年10月
　　『方言採録簿』（保科孝一）

　　明治37（1904）年11月
　　『假名羅馬字優劣比較論一覧』（謄写版一枚非売品）

　　明治38（1905）年3月
　　『音韻調査報告書』上下二冊・『音韻分布図』29枚
　　（上田萬年・新村出・亀田次郎・榊原叔雄）

　　明治38（1905）年12月
　　『假名遣諮問ニ対スル答申』（非売品）

　　明治39（1906）年2月
　　『現行普通文法改定案調査報告ノ一』（大矢透）

　　明治39（1906）年12月
　　『口語法調査報告書』上下二冊・『口語法分布図』37枚
　　（岡田正美・保科孝一・新村出・亀田次郎・神田城太郎・榊原叔雄）
　　（復刻　国書刊行会　1986年）

　　明治40（1907）年3月

26）国語調査委員会の業績については，文化庁（2006）pp.133-135を参照した。

『送假名法』(芳賀矢一)

明治41 (1908) 年5月
『漢字要覧』(林泰輔)

明治42 (1909) 年3月
『假名遣及假名字体沿革資料』(大矢透)

明治44 (1911) 年4月
『口語体書簡文ニ關スル調査報告』(保科孝一)

明治44 (1911) 年9月
『假名源流考』・『假名源流考証本写真』(大矢透)

明治44 (1911) 年12月・大正3 (1914) 年12月
『平家物語につきての研究』前後二冊 (山田孝雄)

大正元 (1912) 年9月・大正4 (1915) 年1月
『疑問假名遣』前後二冊 (本居清造)

　下記の刊行物は，国語調査委員会が閉会した後に，公にされたものであるが，後の国語学界において，多大なる影響を及ぼすことになった。なお，この著書には，藤岡勝二も名を連ねている。この折，同年の保科孝一，また年長の岡田正美が補助委員であったにも拘わらず，藤岡が，明治38 (1905) 年に帰朝した後，委員に選出されていることには注目しておかなければならないであろう。上田の言語学者としての藤岡の評価はきわめて高く，それは保科の回想録でも窺うことができる。しかしながら，藤岡は，これまで掲げた国語調査委員会が刊行した多くの著書において，その名がみられず，下記の『口語法』も，藤岡勝二の名は記されているが，実質上は，大槻文彦の多大なる尽力によって完成したものである。

　しかしながら，後でさらに詳細に述べることになるが，藤岡勝二が最も国語調査委員会において，力を注いだテーマが仮名遣いの改定案に関する研究である。明治39 (1906) 年に，文部省官房図書課が編纂した『明治三十八年二月假名遣改定案ニ對スル世論調査報告』という刊行物には，序文の藤岡勝二の言を初め，今後の政府の仮名遣いの方針を決定する事項が，藤岡を中心にして行なわれていたのである。

大正5（1916）年12月
『口語法』
（大槻文彦・上田萬年・芳賀矢一・藤岡勝二・大矢透・保科孝一）

以下に，『口語法』の「緒言」を記すことにしたい。なお，下線部は，筆者が後から施した。

  緒言

  本書ハ主査委員文學博士大槻文彦立案起草シ起草委員會及ビ本委員會ノ審議ヲ經，更ニ委員文學博士上田萬年，同文學博士芳賀矢一，同文學博士<u>藤岡勝二</u>，同大矢透，補助委員保科孝一ヲ特別委員トシテ之ヲ整理セシメタルモノナリ。
  本書ハ尚調査攷究ヲ要スルトコロナキニシモアラザレドモ，姑ク現稿ノマヽ之ヲ公ニスルコトヽセリ。

  大正二年六月　　　　　　　　　　　　　　　　國語調査委員會

大正6（1917）年4月
『口語法別記』（大槻文彦）

なお，国語調査委員会の役割は，臨時国語調査会（1921-1934）から国語審議会（1934-2001）へと受け継がれ，現在は，文部科学省管轄下の文科審議会国語分科会が活動を行っている。

5章　国語調査委員会の重要項目(標準語・言文一致・仮名遣い)における藤岡勝二の役割

　ここでは，国語調査委員会で重要な役割を果した藤岡勝二を中心にして，国語調査委員会官制設立以前に，藤岡とともに国語に関する事項を調査し，後の国語調査委員会補助委員となる保科孝一と岡田正美，そして，彼らの師である上田萬年がどのような言説を残していたのか，検討していきたい。さらに，藤岡勝二の国語観とはどのようなものであったのか，第8章で詳細に考察する前に少しふれておきたい。[27]

　なお，仁田（1999）は，第4章「国民語の創出をめざして」の中で，次のようなことを述べている。

　　　国語の大衆化，国民語の創出にあたって，上田が心を砕いた問題には，標準語の問題・言文一致（口語体）の問題・仮名遣の問題がある。

5.1　標準語

　上田萬年は，「教育ある東京人の話すことば」を理想の標準語として想定しており，『帝國文學』創刊号でも，この論を展開した論文を寄稿している。勿論，同様な考えは，渡辺修次郎，矢田部良吉，関根正直なども，上田以前に唱えていたが，確固たる論を世に問うた意味で，上田萬年の標準語の定義はきわめて重要な位置を占めるといえよう。[28]「標準語」という用語自体は，岡倉由三郎が

---

27) 本章の重要項目の分類については，仁田（1999）p.27を参考にした。
28) 山口仲美（2006）p.170及び京極（1996）p.66を参照した。

創出した造語であるが，岡倉自身が方言を排斥する方向を考えていたのとは対照的に，上田自身は，方言の意義を大いに認めていたことは，特筆しておかねばならないであろう。

なお，この考え方は，概ね藤岡の標準語に対する思想にも一致している。

以下に，藤岡が，『言語學雜誌』（第2巻第5号）の「論説」に寄稿した「言文一致論」の冒頭文を掲げることにしたい。ここで，藤岡は，標準語を「東京の教育ある中等社會の人のよき言語」を想定していたことが分かる。この点においては，上田の「教育ある東京人の話すことば」を標準語とする考えと差異はほとんどみられないように思える。[29)]

　　　だん／＼論じて來て見れば今の處ではまづ東京の教育ある中等社會の人のよき言語を標準として言文一致と云ふ文體を漢字と假字とを用ゐて現はさうとして居るので，其目的は甚だよいことである。

次は，同じく藤岡（1907）の論であるが，ここでは，『國語研究法』の第2章「國語と方言」に記されている藤岡の言説から，藤岡自身の標準語の認識について考えてみたい。[30)] なお，下記の文は，先述した国語学者京極（1996）が注目した箇所であり，標準語を考える上で大きな示唆を与えてくれる内容である。

　　　それは政治の中心としてある中央政府が位地を占めてゐる場所の言語及びそれと同様なる言語で，其政府の下に立つ人民に依て用ゐられてゐるものをば國語と云ふ事にして，それらと等しく同政治機關内に居る人民に用ゐられて居ても言語的系統を異にするものをば國語以外におくのである。

　　　　　　　…〈中略〉…

　　　即ち日本國語といふものゝ領土は日本國だけでないことになり得る。

---

29) 本文は，『言語學雜誌』第2巻第5号 p.427を引用した。
30) 本文は藤岡（1907）p.25を引用した。傍点は，引用した箇所とおりに表記した。

5.1 標準語

　前半の箇所,「政治の中心としてある中央政府が位地を占めてゐる場所の言語」を国語(藤岡の定義でいくと「標準語」となる)としている点は,現在の社会言語学の理論ときわめて酷似しているといえる。つまり,言語そのものに,プレステージ「威信」があるのではなく,政治的中枢で話されている言語が標準語(上述した文では,「国語」に該当する)として,プレステージを有することができるのである。

　この点に関していえば,「教育ある東京人の話すことば」を標準語とした上田と思想上の相違点はみられない。ただし,「言語系統を異にするものをば國語以外におく」ということは,統治下にあった朝鮮語も台湾語も,日本語と系統を同じくしない以上,決して国語とはいえないことになり,同化政策を目指す帝国日本にとって決して得策とはいえない思想であったといえよう。

　なお,日本語系統論の嚆矢といわれる藤岡であるが,その結論については,慎重な態度を貫き,金澤庄三郎(1872-1967)の「日鮮同祖論」にも異を唱えていた。そのような経緯もあり,藤岡勝二は,朝鮮語の教員として,当時としては大変珍しく,学位を有しない通訳の本田存に東京帝国大学の朝鮮語講座を担当させている。東京帝国大学文科大学の教員の中で,学位を持たない唯一の本田の存在は異様であるが,それほど藤岡が,言語学科において多大なる影響力をもっていたとも考えることができる。

　また,藤岡(1907)は,次のように,地域方言(regional dialect)に関しても,上田以上に,肝要な態度で,方言を重要視している。

　なお,本文は,『國語研究法』の第7章「保守説と改定案」から,重要と思われる三つの箇所を取り上げ,引用することにした。[31]

　　これに就て世論の向かふところは東京の教育ある人士に用ゐられてゐ
　　るものに採るといふことになってゐる。

　　教育あると云ふことが,そも〳〵割合に漠然したことで,充分たしか
　　にとりとめたことでもないやうであるが,これはつまり國民普通の教育

---

31) 藤岡(1907)の第7章の本文は,順にp.158, p.159, p.161から引用した。

を受けた人であって其上常議から見て，いやしくないと認められる人の言語といふよりしかたがない。

　教授上の詞づかひとして，之は標準の云ひ方である。之は地方的のものであるといふ如きことはあり得るけれども，それが必ずしも直ちに地方言を大いにおとしめてゐるわけではないのである。

さらに，藤岡（1907）は，『國語研究法』の第2章「國語と方言」の「方言の正不正」と「方言と國語の関係について」において，以下のようなことを述べている。なお，傍点は，原文に忠実に記すことにした。[32]

　かく同國内でも言語的系統を異にするものを國語以外と見ると同時に，異國でも同言語を用ゐる場合にはこれ亦廣義の其國語といへることになるから，こゝに於て國語と云ふものと政治的の意の國と云ふことゝ一致しないことになる。

　人は國語と國語との間に在る此差異に就て，一方を正しいとし一方を正しくないと云ふ如きことはないが，同國語中の方言となると，此の如きことを云ふことは決して稀でない。これは理論に於て不當と云はねばならぬ。

以上，みてきたように，藤岡は，標準語を選定するからといって，方言を決して軽視することにはならないと考えていた。また，国語と政治との関係など，今日の社会言語学の先駆けともいうべき問題を重視していた点は特筆すべきといえよう。

さらに，藤岡は，方言の本質について，比較的，絶対的といった言葉で，端的に，次のように結論づけている。[33]

---

32) 藤岡（1907）の第2章の本文は，順にp.26, p.34から引用した。
33) 藤岡（1907）p.27を引用した。

そも〳〵方言といふ事は一體比較的の名であって，絶對的の名ではない。

現在，琉球方言は，日本語と比較すると一方言に位置づけられているが，政治的中枢が変われば，国語が琉球語になり，現在の日本語が方言となる可能性も十分ありえるということである。藤岡の定義する標準語とは，あくまで国家が定めた人為的で相対的な存在なのである。

5.2　言文一致（口語体）

5.2.1　『國語研究法』にみられる藤岡の言文一致論

言文一致の理論に関しても，藤岡勝二は，『言語學雜誌』の「論説」に，「言文一致論」という題で，かなり詳しい内容の論文を寄稿している。

一方，岡田正美の言文一致論に対する考え方であるが，国語調査委員会（編）「國語國字改良論説年表」では，次のようなことが，記されている。

> 明治28（1895）年10月，岡田正美『漢字全廃を論じて國文國語國字の將來に及ぶ』ト題シ，平假名ノ便ナルコトヲ種々ナル場合ニ徹シテ詳論ス。『帝國文学』第十号

漢字全廃という点では，岡田正美は，藤岡勝二と同様の国字論を持論として展開しているが，かな文字にあくまで固執しており，しかも，かなりの改良を必要とするかな文字論，見方によれば新国字論に分類できるような独自の案を提唱している。

一方，あくまでローマ字論を展開していた藤岡の学説は，国語調査委員会（編）「國語國字改良論説年表」において，次のように記されている。

> 明治29（1896）年，藤岡勝二『言語學上文字の價値』ト題シ，文字ノ性質ヲ論ジテ羅馬字採用説ニ及ブ。

国語調査会，官制国語調査委員会が組織される以前に，国語調査取調事項の

任を託されたのが，藤岡勝二，保科孝一，岡田正美の三名の若き言語学徒であった。この際，討論されたことは，藤岡，保科が支持するローマ字論か，岡田が支持する改良かな文字論の是非についてであったと推測できる。いずれにせよ，この時点において，まだ二十代半ばにあった三人の若き研究者が，漢字廃止論を強く主張して，今後の国語の方針を決定したことは間違いないであろう。

なお，この後，藤岡は，『言語學雜誌』において，「言文一致論」という論文を寄稿して，言文一致における文体の重要性に関する持論を展開していく。言文一致を考える上で，重要な事項は，「ことばは変わる」という一見，自明とも思える内容であるが，当時の印欧語族の比較言語学者が，どれほど文献にとらわれていたかをみなすことができる証左ともいえるであろう。文献中心主義の桎梏から脱しようとした青年文法学派Junggrammatiker（当時，比較言語学の泰斗クルティウスが，音声を重視する青年文法学派を揶揄していったことばであり，決してポジティブな意味で呼んだ名称ではない）は，音声言語の重要性を認めようとしたのであった。

また，藤岡（1907）は，第3章「文語と口語」の冒頭で，次のような言文一致の思想を象徴的に表わしたことばを記している[34]。

　　　言語は變わるものである。

ここで，藤岡（1907）は，上田も講義の演習用テキストとして用いたヘルマン・パウル（1846-1921）の影響を強くうけ，上記のような言語の本質である言語変化について言及したと考えられる。当時の言語観は，次のヘルマン・パウルの「言語学とは言語史なり」（Sprachwissenschaft ist gleich Sprachgeschichte）ということばで象徴されるといえよう。パウルは，歴史言語学を重視しながらも，類推（analogy）という用語を言語変化の要因と考え，青年文法学派の中でも，独特な観点を有していたとみなすことができる。

ヘルマン・パウル以降に出現した言語学者として，次に近代言語学の成立に寄与したフェルディナン・ド・ソシュール（1857-1913）を挙げなければなら

---

34) 藤岡（1907）p.35を引用した。

5.2 言文一致（口語体）

ないであろう。彼が逝去した後，弟子のアルベール・セシュエ，シャルル・バイイたちによってまとめられた『一般言語學講義』（当時の小林英夫（1903-1978）の訳書では，『言語學原論』という題名であった）では，言語の恣意性について，明解に説明されている。ソシュールの『一般言語學講義』が刊行されたのが，大正5（1916）年ということを考えると，このような言語思想が，すでに『國語研究法』によって述べられていたことは，実に興味深い事実といえよう。勿論，この理由は，生前，ソシュールがホイットニーの「社会制度」という思想に共鳴して，その言語思想に深く傾倒していたからに他ならない。また，東京帝国大学文科大学において，藤岡勝二の後輩にあたる新村出も，上田萬年がヘルマン・パウルを講義に導入したおかげで，彼の言語思想に多大なる影響をうけ，『言語史原理』の序文において，ドイツ留学中にパウルの謦咳に接したことを述懐している。後述するが，藤岡勝二の言語思想に最も影響を及ぼした言語学者を挙げるとすれば，上述したドイツのヘルマン・パウルと英語学のヘンリー・スウィート（1845-1912）であろう[35]。スウィートは，その性向が災いしたのか，学問業績に相応しい地位を決して得てはいないが，数多くの日本の学者たちが，その思想に対して尊敬の念を抱いていた。

下記の文で，藤岡（1907）は，『國語研究法』の第3章「文語と口語」において，音の符牒とその観念に関する恣意性について，次のように強調している[36]。

　　　音の符牒と其に對する観念との配合のし方がちがって變遷する所以はもと〰言語が符牒であって，其に依て示さるべき観念と必然的關係がないからである。

藤岡は，たびたび自らの論文の中で，「言語」ということばを用いているが，この文章からも分かるように，「言語」を「音声」と同義と捉えていることを知ることができる。藤岡の音声言語中心主義を窺える箇所といえよう。

---

35) 最近の著作では，樋口（2010）でその実像を詳しく知ることができる。
36) 藤岡（1907）p.35を引用した。

また，藤岡は，方言を標準語と対峙する存在としてではなく，きわめて重要な資料的価値を有するものであると考えていた。この点は，『國語研究法』の第3章「文語と口語」の「文章的口語」，「言文一致の力」の文章から窺うことができる。

では，下記に，藤岡 (1907) の言語思想を想起させる典型的な文を掲げたい。ここでは，まず，ヘンリー・スウィートの文を引用して，文語と口語の関係性について分かりやすく述べている。その後，藤岡が，かつて「言語學上文字の價値」において用いた「空間的存在」という独特の用語と似た「空間存在」ということばを使用しながら，文字の保守性についてふれている。[37]

　　スウキート氏 (Sweet) がかういふことを云ってゐる。「同一國語にも話す語と文語との二つがある。…〈中略〉…文章語の眞の源となるものは口語である。前時代の口語から文語に成り上りたるもの、極めて多いのを見るときは，此が眞相であると云はねばならぬ。故に凡ての文章文は種々の時代の口語即ち俗語の混合したのである」と云ってゐる。
　　何故に文語の變遷は口語より進みがゆるいかと云ふに，それは文字に表はしたものは保守力をもつからである。何故に保守力をもつかといふに，文字の上に表はれたものは空間存在となってゐるから，時をかへても亦之を其通りに視ることが出來る。

次の文で，藤岡 (1907) は，ゲオルク・フォン・デア・ガーベレンツ (1840-1893) のことばを引用しているが，彼は，数々の東洋の言語を習得した稀代の学者である。満州語にも精通しており，藤岡にとって，言語理論だけでなく，アルタイ諸語の文献学的研究にも影響を与えたと考えられる。下記のように，藤岡は様々な例を掲げて，言語の本質は変化することにあることを指摘しようとした。[38]

---

37) 藤岡 (1907) の第3章の本文は，順にp.43, p.47から引用した。
38) ここでの藤岡 (1907) の文章も，第3章のp.48, p.49を引用した。

ガベレンツ（Gabelentz）は吾等の今日の語は遂に昨日の語の通りでないとまで極端に云ったが，さういっても差開はない。

　余は京都の生れであるが，自分が幼かった時代と今日とは已に大分京都語にちがひが出来てゐる。

5.2.2　言文一致の確立期について

　言文一致論に関する運動が最も盛んになった時期が，明治33（1900）年に，上田萬年が創始した言語学会の機関誌『言語學雜誌』が創刊された頃からだと考えられる。言文一致論の研究者として知られた国語学者山本正秀（1907-1980）は，その年代を近代口語文体形成の観点より，第一期から第七期に分類して，実に緻密な考察を行っている。

　次に，山本（1977）が区分した第1期から～第7期を掲げることにする。[39]

　　　　第1期　1867-83　（発生期）
　　　　第2期　1884-89　（第一自覚期）
　　　　第3期　1890-94　（停滞期）
　　　　第4期　1895-99　（第二自覚期）
　　　　第5期　1900-19　（確立期）
　　　　第6期　1910-22　（成長・完成前期）
　　　　第7期　1923-46　（成長・完成後期）

　ここでは，まず山本正秀（1977）が，「言文一致体」で指摘した明治33（1900）年から明治42（1909）年の確立期に注目し，この時代の言文一致の状況について，調べてみることにした。そして，その方法論として，まず「言文一致」という名を冠した題目の論文の総数を確認したところ，9年間という短い間に，著名な新聞,学術雑誌において，実に70本の論文が発表されていることが分かった。

39）山本正秀（1977）p.330を引用した。

勿論，題目に「言文一致」という名称がなかったとしても，論文の趣旨が「言文一致」の内容に関する優れた論考である場合もみられ，実際には，かなりの数の「言文一致」に関する論文が，この時期に寄稿されていたことが窺える。

なお，本項に関しては，筆者は，すでに，「言文一致の確立期における『地域方言』について―『言語学雑誌』における藤岡勝二の言説を中心にして―」という題目で，平成20年度冬季全国大学国語国文学会において研究発表をしており，その際に提出した予稿集を参考にしたことを付記しておきたい。

では，以下に70本の論文を全て掲げることにする。

表2　「言文一致」を題目に冠した論文一覧

年月日	題名	著者	発表雑誌
明治33年1月31日	言文一致とは何ぞや	長谷川天渓	毎日新聞
明治33年2月	言文一致と敬語	島村抱月	中央公論
明治33年3月10日	言文一致体の文章について	内海弘蔵	國文学
明治33年3月31日	言文一致会の設立	内海弘蔵	言語學雑誌
明治33年5月15日	言文一致会主旨	林甕臣	國語改良異見
明治33年4月20日	「言文一致論」その他	林甕臣	中央公論
明治33年4月30日	言文一致について	林甕臣	言語學雑誌
明治33年5月10日	言文一致	高浜虚子	ホトヽギス
明治33年6月1日	「言文一致の標準如何」その他	高山樗牛	太陽
明治33年6月24日	言文一致会の議決	高山樗牛	言語學雑誌
明治33年6月24日	言文一致に対する批評	高山樗牛	言語學雑誌
明治33年12月15日	言文一致と擬古文	尾崎紅葉	教育公報
明治34年1月15日	言文一致	正岡子規	六号雑誌
明治34年1月26日	「言文一致会」開会の趣旨	坪井正五郎	言文一致論集
明治34年1月26日	言文一致に就いて	菊地大麓	言文一致論集
明治34年1月26日	言文一致に就て	井上哲次郎	言文一致論集
明治34年2月13日	言文一致の実行に就ての請願	井上哲次郎	言文一致論集
明治34年2月17日	言文一致に就いて	加藤弘之	言文一致論集
明治34年3月30日～4月9日	言文一致会修正の「悔やみの文」	美妙斎主人	國民新聞
明治34年4月	言文一致会趣旨	美妙斎主人	新文
明治34年5月6日～20日	言文一致の文体に就き	向軍治	読売新聞

5.2 言文一致（口語体）

年月日	題名	著者	発表雑誌
明治34年5月10日	言文一致に就ての希望	向軍治	帝國文学
明治34年5月18日	言文一致に就て	向軍治	読売新聞
明治34年5月19日	言文一致会の現況に就て	後藤牧太	言語學雜誌
明治34年5月19日	経済上より言文一致を観察す	前島密	言文一致論集
明治34年5月20日	「言文一致の研究」その他	前島密	國學院雜誌
明治34年5月28日	言文一致の実行手段	前島密	新文
明治34年5月28日	言文一致と新聞紙	幸徳秋水	新文
明治34年6月20日	「言文一致（応急手段）」その他	幸徳秋水	國學院雜誌
明治34年7月1日	地方官及視学官会議と言文一致（菊地文相に望む）	幸徳秋水	読売新聞
明治34年7月1日	言文一致の手紙	堺枯川	新文
明治34年7月1日	言文一致に於ける美文派と実用派	阪井久良岐	新文
明治34年7月10日～8月10日	言文一致論	藤岡勝二	言語學雜誌
明治34年7月10日	新聞雑報の言文一致	藤岡勝二	言語學雜誌
明治34年7月10日	言文一致の根本主義と国学院雑誌	藤岡勝二	言語學雜誌
明治34年7月10日	帝国文学の言文一致論	藤岡勝二	言語學雜誌
明治34年7月25日	言文一致ヲ論ス	西村茂樹	東洋學芸雜誌
明治34年8月1日	言文一致事業と小説家	堺枯川	新文
明治34年8月10日	「言文一致の根本主義」その他	久津見蕨村	國學院雜誌
明治34年8月10日	言文一致の実行	久津見蕨村	読売新聞
明治34年8月10日	言文一致に就て	鈴木融	國文学
明治34年8月15日	堺枯川山田美妙二君の言文一致著書を評す	吉江喬松	文庫
明治34年9月1日	言文一致の主張	吉江喬松	新文
明治34年10月1日	言文一致の現在，未来	島村抱月	新文
明治34年10月26日～29日	言文一致	福地源一郎	日出國新聞
明治34年11月1日	言文一致と思想の整頓	久津見蕨村	新文
明治34年11月1日	言文一致に対する非難を駁す	堀江秀雄	新文
明治34年11月1日～12月1日	言文一致に関する鄙見	足立栗園	中央公論
明治34年11月15日～25日	言文一致の現在及未来	鴨脚克己	教育時論
明治34年12月15日	言文一致の文章部原案	鴨脚克己	教育公報

年月日	題名	著者	発表雑誌
明治34年12月15日	言文一致会より全国商業学校校長への手紙	鴨脚克己	教育公報
明治35年1月1日	少年言文一致会趣意書，少年言文一致会規則	鴨脚克己	少國民
明治35年2月1日	言文一致の三難	島村抱月	新文
明治35年2月1日	今日の言文一致	尾崎紅葉	新文
明治35年2月23日，同年3月1日	言文一致協会・発会式	尾崎紅葉	新小説・新紀元
明治35年2月23日	言文一致協会檄文	桐生政次	新紀元
明治35年4月19日	言文一致の実行に就て	桐生政次	報知新聞
明治35年12月17日～19日	言文一致の不可能	物集高見	読売新聞
明治37年5月15日～6月15日	言文一致に関する余の経験	漣山人	新公論
明治38年12月15日	言文一致論	尾崎紅葉	新潮
明治39年5月15日	言文一致は果して冗長か	上田萬年	文章世界
明治39年5月15日	余が言文一致の由来	二葉亭四迷	文章世界
明治39年5月15日	言文一致の二流派	島崎藤村	文章世界
明治39年6月15日	言文一致について	坪内逍遥	文章世界
明治40年1月13日	言文一致体の隆盛	大町桂月	太陽
明治40年7月10日	俗謠詩・言文一致詩	葛の葉（森川葵村）	詩人
明治40年10月1日	『言文一致』の犠牲	山田美妙	文章世界
明治40年10月1日	言文一致の詩	服部嘉香	詩人
明治41年1月10日	言文一致の詩歌	蒲原有明	ハガキ文学
明治41年11月15日	言文一致は低趣味だ	井上哲次郎	文章世界

表3　「言文一致」を冠した論文の発表雑誌の総数

発表雑誌	論文数	発表雑誌	論文数
新文	12	六号雑誌	1
言語學雑誌	9	國民新聞	1
言文一致論集	6	帝國文学	1
文章世界	6	東洋學芸雑誌	1
読売新聞	5	文庫	1

5.2 言文一致（口語体）

発表雑誌	論文数	発表雑誌	論文数
中央公論	3	日出國新聞	1
教育公報	3	教育時論	1
國學院雑誌	3	少國民	1
國文学	2	新小説・新紀元	1
太陽	2	新紀元	1
詩人	2	報知新聞	1
毎日新聞	1	新公論	1
國語改良異見	1	新潮	1
ホトヽギス	1	ハガキ文学	1
		計	70

　ここで，注目すべき雑誌は，当時の第一級の言語学，国語学（日本語学）を専門とする学者たちが，9本もの学術論文を寄稿した『言語學雑誌』とみなすことができるだろう。この時代は，「教養ある東京人の話すことば」を標準語として選定することが，政府が目指した取り組みであった。この場合，地方の方言は排斥され，全ての国民が標準語を話すことが目的になるはずであるが，藤岡勝二の言説を辿り，その言説を詳細に分析していくと必ずしもそうとはいえないことに気づく。むしろ，地域方言を尊重して，方言を表すことができるような文体の創出に重きを置いているように思えるのである。

　確かに，ヨーロッパの例にならって，罰札制度なども，現実に行われたのも事実であるが，基本的には，標準語を制定することが，地域方言を重視することと何ら矛盾しなかったことを，強調しておきたい。

　とりわけ，上田から言語学の講座を継承し，その後，長きに亘って，東京帝国大学文科大学言語学講座において，後進の育成をしながら，言語学界をリードしてきた藤岡勝二の理論を，ここで，もう一度検証してみる必要があるだろう。

　さらに，これまで考えられてきた次のような図式を，今一度考え直さなければならないだろう。

〈　標準語の制定　＝　地域方言の排除　〉
図1　標準語と地域方言の関係について

なお，発行機関であるが，下記の表に掲げた刊行雑誌を「新聞」,「学術雑誌」,「その他」に分類すると，次のようになる。これらの雑誌をみれば分かるが，専門的な学術雑誌，新聞などのメディアなど，実に多岐にわたった論文が寄稿されている。

[新聞]
読売新聞・毎日新聞・國民新聞・日出國新聞・報知新聞

[学術雑誌]
言語學雑誌・言文一致論集・教育公報・國學院雑誌・太陽・國語改良異見
帝國文学・東洋學芸雑誌・教育時論

[その他]
新文・文章世界・中央公論・國文学・詩人・六号雑誌・文庫
少國民・新小説・新紀元・新公論・新潮・ハガキ文学

5.2.3　藤岡勝二の「言文一致論」と方言意識について

既述したように，言文一致の確立期において，『言語學雑誌』は10本もの「言文一致」に関する論文が寄稿されていた。中でも，藤岡の論文は，国語学者山本正秀（1978）も，きわめて優れた論文であると高く評価している。

当時の言語学界では，言文一致論について，盛んに論議されるようになると同時に，標準語を選定しようとした動きがみられた。そこで，模範とすべき言語が検討されたのだが，上田萬年は，すでに，明治28（1895）年という早い時期に，『帝國文学』（創刊号）の「標準語に就きて」において，「教養ある東京人の話すことば」こそ，標準語としてふさわしいと述べている。この後，他の研究者も追随して，抽象的ではあるが，標準語の説明として，この「教養ある東京人の話すことば」という用語を使用するようになった。

しかしながら，この標準語化運動は，地方にも波及し，方言を矯正して，地域方言（社会方言ではない）にマイナスイメージをもたらせることになったの

5.2 言文一致（口語体）

も事実である。

　なお，当時の政府が目指した方針は，明治35（1902）年に，時の文部省が設置した国語調査委員会が掲げた事項からも窺うことができる。すでに，4.2の「国語調査委員会の調査方針と活動状況」で述べた通り，国語調査委員会は，四つの大きな項目を打ち立てた。この調査方針の（四）「方言ヲ調査シテ，標準語ヲ選定スルコト」であるが，この調査方針を見る限りでは，標準語を決定した後は，事実上，方言を排斥する方針に向かうことを意味しているかのように思える。

　しかし，藤岡は，『言語學雜誌』第2巻第5号の「言文一致論」において，地域方言を重要視する点について，次のように強く指摘している。[40]

　　　なぜならばその變則とか訛言とかいはれるものが其實なか〳〵尊ぶべ
　　　きもので，それを研究の材料として行けば意外に面白い發見も出來るも
　　　のであるからである。不規則として棄つべきものではないのである。

では，実際の地域方言はどのように表せばいいのか。藤岡自身は，標準語を確立した後は，文体を創出することに全力を傾注すればよいと考えていたのである。

　藤岡は，上掲書で次のように述べている。[41]

　　　言文一致に書き出すときには標準語を書き顯はすばかりでなく，地方
　　　の方言なども矢張これで書く様に傍ら試みるのがよからうとおもふ。さ
　　　うすると地方の方言等で變つた音を見付けることが出來る。

ここで，藤岡は，方言を軽視するのではなく，方言も表記できる文体の創出を目指していることが分かる。藤岡の思想の基底には，あくまで，音声言語中心主義があり，文字は，それを正確に表記することにのみ，存在意義があると

40）本文は，『言語學雜誌』第2巻第5号p.7を引用した。
41）本文は，『言語學雜誌』第2巻第5号p.4を引用した。

指摘しているのである。

　また，次の藤岡の論説「發音をたゞすこと」では，文章に傍点が施され，「おひたひ研究」[42]という用語を使っている。この「おひたひ」とは，おそらく「おひたち」の誤記であろうが，ホイットニーの訳書『ことばのおひたち』を想起させる。保科（1899）が，大学院在学中に，先に『言語発達論』（*The Life and Growth of Language*）という題で，ホイットニーの抄訳を刊行しているが，この折，藤岡は，序文を書いたに過ぎないが，彼自身もこの英文の翻訳を試みていたのである。藤岡のよく知られているモンゴル語，満州語，フランス語の訳書も，その多くが，藤岡が逝去した後，弟子の尽力によって世にでたものである。それほど，藤岡は，著書を刊行するのに慎重であったためか，生前，実に緻密で膨大な訳書や論文を有していながら，刊行されなかった貴重な著作が数多く残されているのである。当時の言語学界において，東の藤岡，西の新村と称されたほど，実力があったにも拘わらず，『広辞苑』の編者新村出と比べると，現在では，専門家の間でも，藤岡の業績を詳しく知るものはいない。

　　　言語學などがおひたひ研究せられる様になつて來た今日で見れば，この學科が教へる様に，言葉は先である文字は末であるといふ様なことは誰でも知つて居るべきことであるばかりでなく……

　ここでも，藤岡が傍点を施した「言葉」とは，文字通りの「言葉」ではなく，音声のことを指している。後に，著名なヘンリー・スウィートをはじめとする音声学者に邂逅して，藤岡は，ますます音声重視の言語観を呈することになるのである。藤岡と上田の師弟間には，確かにある側面，例えば，「教養ある東京人の話すことば」—きわめて抽象的な規定ではあるが—を標準語にする点では，一致していたが，その後の文体創出の重要性については，藤岡のほうがはるかに積極的であり，藤岡は試行錯誤の上，ヘボン式ローマ字を理想的な文字と考え，1905（明治38）年に，日本式ローマ字表記法で知られた田中舘愛橘と大同団結して「ローマ字ひろめ会」を創設している。まさに，理論と実践を重

42）本文は，『言語學雜誌』第1巻第2号p.4を引用した。

さらに，藤岡の音読重視の言語観は，次の藤岡勝二の言説からも窺える[43]。

　　　日本では本を習ふ字を覺えると云ふことは誰しもいうて居る樣であるが，言葉を習ふ言葉を覺えると云うことは一向云はない。

　藤岡の論説では，この後，德川時代の素読について言及した後，音声言語の重要性について詳細に述べられている。
　藤岡勝二の理論では，標準語と方言は何ら対立する存在ではない。文字が先にあり，音声が後にできることはありえないことだが，日常生活の中では，このような当然のことでも忘れがちになるものである。
　『言語學雜誌』において，藤岡勝二は，音声言語を統一すると同時に，それに適する文体を創出する理論の必要性を論じていたのである。その後，藤岡は，様々な文字を用いながら，終に，ローマ字が日本語の音韻体系を表記するのに最適であるという結論に至る。また，ここで特筆すべきことは，標準語が地域方言と対峙する存在ではなく，むしろ地域方言こそが，学問的意義のある貴重な資料であるとみなされていたことである。それは，藤岡勝二の『言語學雜誌』の言説から強く感じとることができるのである。
　以上みてきたように，これまでは，標準語の成立過程において，地域方言は排斥される負の側面ばかりが強調されてきた観があるが，『言語學雜誌』の藤岡勝二の言説を中心にしてみていくと，地域方言を貴重な研究資料として捉えていることが分かる。言文一致の確立期において，言語学の中心的役割を果した藤岡勝二が，率先して地域方言の重要性を説いたように，当時の研究者は，必ずしも地域方言に対してマイナスのイメージを有していたわけではなかったのである。確かに，時にヨーロッパの例にならって，日本においても，罰札制度などが行われていた地方があったのも事実であるが，当時の言語学者が，標準語化の制定と，方言重視の言語観が決して矛盾しないと考えていたことも決して忘れてはならないであろう。

---

[43] 本文は，『言語學雜誌』第1巻第2号p.20を引用した。

5.3 仮名遣い

5.3.1 「棒引仮名遣い」について

臨時仮名遣調査委員会が招集されたときには，藤岡勝二はすでに明治38（1905）年に「ローマ字ひろめ会」を日本式ローマ字主義者と大同団結して創設していた。第一回の委員会もこの頃に行われ，藤岡の主眼はすでに，仮名遣いよりも，ローマ字の普及にあったとみなすことができる。藤岡（1906）は，『明治三十八年二月假名遣改定案ニ對スル世論調査報告』（文部大臣官房圖書課編）において，国語調査委員会の代表として，序文を寄稿しており，その後，この改定案は伝統的仮名遣いを堅持する学者の強い批判をうけることになるのである。なお，この序文の原文とその内容に関する考察は，5.4.1において詳述したい。

その後，明治41（1908）年，臨時仮名遣調査委員会が開催されるのだが，藤岡は参加することはなかった。ここにおいて，藤岡勝二の理想的な文字の一つとして「棒引仮名遣い」を使用する可能性は全くなくなったといえよう。

では，当初，学術雑誌にも藤岡勝二が使用していた「棒引仮名遣い」について若干の考察を試みたい。[44]

「棒引仮名遣い」の変遷に関しては，様々な経緯があったが，最終的には，明治41（1908）年に「臨時仮名遣調査委員会」が開催され，「棒引仮名遣い」の廃止が決定する。この経緯の詳細に関しては，後述するので，ここで詳細な内容については扱わない。結果的に，「棒引仮名遣い」は廃止されることになり，わずか8年間だけ，「棒引仮名遣い」は，国家が認めた文字して使用されることになったのである。ここでは，さらに，具体的に，明治33（1900）年以降，「棒引仮名遣い」が認められた頃から，当時の時代背景や政府の動向を具にみてい

[44) この「棒引仮名遣い」の問題について，筆者（2007a）は，拙論「なぜ『棒引仮名遣い』は消失したのか―藤岡勝二の言語思想の変遷を辿りながら―」『文学・語学』（全国大学国語国文学会編）第188号 pp.50-58に寄稿したことがあり，本節でも，上記の論文に，加筆，修正を施したものを参照した。ここで，筆者は，「棒引仮名遣い」が，なぜわずか8年という短い間で消失したのか，この原因を，当時の政治的状況と藤岡勝二の言語思想を絡めながら，考察した。

くことにして，上述した「棒引仮名遣い」が消失した真の原因を詳しく考察したい。なお，「棒引仮名遣い」という名称は，あくまで俗称であり，正式には長音符「ー」と記述され，明治33（1900）年8月に，小学校令施行規則によって正式に制定されている。

「棒引仮名遣い」に関する事項は，これまで，国語国字問題に関する著書の中で断片的に扱われただけであり，この仮名遣いだけに焦点をあてた研究論文は発表されていなかった。ここでは，まず，これまで指摘された「棒引仮名遣い」の消失の原因について概観した後，藤岡勝二の言語思想の変遷を丹念に辿りながら，「棒引仮名遣い」が消失した原因について検証してみたい。特に注目したい事項は，藤岡が，この仮名遣いを，当時の国家が規範的な文字として認め，小学校の教科書に採用する以前に，言語学の専門雑誌に使用していたという事実である。文字自体は，わずか8年という短い間で廃止されたが，この消失の原因については，国語学者の間でも，様々な原因が唱えられ，未だ判然としていない。

本節の目的は，あくまで藤岡勝二を軸にしながら，多面的角度から「棒引仮名遣い」の消失の原因を検証し，既知の説とは異なる言語政策の観点からのアプローチを試みたい。

5.3.2 「棒引仮名遣い」の消失の原因について

本項では，国語学（日本語学）に関する著作において「棒引仮名遣い」がどのように説明されてきたのか検証していきたい。

例えば，『新版 日本語学辞典』では，次のような説明がされている。[45]

> 明治33年小学校令施行規則により定められた表音式の字音仮名遣い。明治38年，国語調査委員会は，これを改正した改定案を出したが，反対が強く，明治41年，棒引仮名遣は廃止された。

ここで，注目したいのが，「改正した改定案に対して反対が強かった」とい

---

45) 杉本つとむ・岩淵匡編（1994）『新版 日本語学辞典』p.157を引用した。

う記述である。では，実際には，この改定案とはどのような内容であったのか，またこの改定案に対して，どのような反対論が起きたのか，具体的に考察していきたい。

当初の小学校令の施行規則では，字音仮名遣いだけに「棒引仮名遣い」が適用されることになっていた。しかしながら，実際に，この仮名遣いが教科書で使用されるようになると，小学生が「字音仮名遣い」を充分に理解できなかったために，教育の現場では混乱が生じた。こうした問題点を改善すべく，漢語や和語に関わりなく表音式仮名遣いを適用し，「棒引仮名遣い」を用いる改定案が提出されたのであった。

しかし，表音式に統一した明治38（1905）年の改定案は，全ての研究者の賛同を得るには至らなかった。ここで，筆者は，この改正案には，言語以外の問題が関係しているのではないかと考えたわけである。なぜなら，もし「棒引仮名遣い」の表記が単に文字の機能上の問題ですむのであれば，この改定案で前述したような問題点を解決できるはずだからである。

また，これまで指摘された原因として，次のような理由を挙げることができる。詳細については，後述するが，まず，明治41（1908）年，当時，臨時仮名遣調査委員として最も影響力のあった文豪森鷗外（1862-1922）（本名　森林太郎）が，改正仮名遣い案に対して反対論を唱えたことである。さらに，「棒引仮名遣い」に賛意を示していた当時の文部省普通学務局長であり，後に京都大学総長，東北帝国大学初代総長も歴任した教育学の澤柳政太郎が，「棒引き仮名遣い」の廃止に関する結論が出る前に，文部省を去っていたことなども傍証として挙げることができる。この理由以外にも，「棒引仮名遣い」の消失の原因には，言語政策上の観点からみると，複雑に交錯した様々な政治的要因が胚胎し，単に文字の便宜上の問題であるという言語内的条件だけではとうてい説明できないと考えられるのである。

以上のような理由を検討していくうちに，筆者が気づいたことは，国語国字問題に関する数多くの著作の中で，藤岡勝二の名を見いだすことができたとしても，「棒引仮名遣い」の問題に関して直接関与したという記述が，これまで全くみられなかったことである。先述したように，藤岡（1906）は，『明治三十八年二月假名遣改定案ニ對スル世論調査報告』（文部大臣官房圖書課編）に，

国語調査委員会の代表として序文を寄稿し,『言語學雑誌』にも「棒引仮名遣い」を用いた学術論文を掲載している。しかしながら,これ以降,藤岡は,臨時仮名遣調査委員会の委員にも就任することもなく,明治38（1905）年に結成された「ローマ字ひろめ会」の中心的人物として,ヘボン式ローマ字表記法の普及に尽力していくのである。

一方,東京帝国大学文科大学国文学科出身で,藤岡と同様,上田の弟子であった保科は,学術論文においても積極的に,この「棒引仮名遣い」を用いていた。言語思想史の分野において,近年,さかんに,保科の研究が行われているが,イ（1996）は保科のことを「忘れられた国語学者」と称し,綿密な分析を行っている。東京帝国大学文科大学言語学科主任教授を務めた藤岡勝二に比べ,同年の保科孝一については,現在でも,国語教育の分野ではよく知られており,保科自身が創刊した『國語教育』は,今も国語教育の分野において研究が進められている。この意味では,藤岡勝二こそが「忘れられた言語学者」という名に相応しいのではないだろうか。

この頃の言語学界を実質的にリードしていたのは,藤岡勝二であり,「棒引仮名遣い」の消失の原因も,彼の言語思想の変遷と深い関連性があると考えられるからである。

5.3.3 藤岡勝二が用いた「棒引仮名遣い」について

本項で,最も留意すべき点は,藤岡勝二が,当時の最高水準の言語学に関する学術雑誌において,この「棒引仮名遣い」を数多く用いていたことである。なお,言語学会の機関誌『言語學雑誌』の詳細については,第6章に譲ることにする。

明治33（1900）年に小学校令が発令され,「棒引仮名遣い」が国家の認める規範的な文字となるのだが,藤岡が,いち早くこの文字に着目し,専門的な学術雑誌に寄稿していたことは,注目しなければならない。勿論,これより以前に,藤岡,保科孝一,岡田正美の三名が図書館嘱託として,国家の国語国字問題の研究に取り組んでおり,表音式仮名遣いの必要性を調査していたという事実も大いに関係があろう。

では,藤岡が言語学の専門雑誌で用いた「棒引仮名遣い」とは,どのような

ものであったのか，具体的に考察したい。

次に掲げた文は，藤岡が実際に用いた「棒引仮名遣い」の例である。藤岡が用いた例は，「雑録」に所収された「ゲルストベルガー氏日本新國字」から抜粋した。[46]

まず，この文の冒頭部分を掲げることにする。[47]

　　　獨逸國のシャロッテンブルグに居るゲルストベルガーといふ人がこの七月三十一日の日付を以て目下ベルリンに居る法學士粟津清亮君の手を經て帝國教育會長辻新次氏の許に届けた日本新國字をここに紹介し併せて批評を加へて見よーと思ふ。
　　　氏は日本在來の平假字を分解してこれを單音組織にしよーといふのが最初の思ひ付らしい。

ここでは，冒頭文の二例を挙げてみたが，他にも6例，「棒引仮名遣い」を用いた例がみられた。ここで藤岡が用いた8例をまとめて挙げてみると次のようになる。

なお下線部については，前文と同様に，筆者が後で書き加えたものである。

① ……ここに紹介し併せて批評を加へて見よーと思ふ。
② これを単音組織にしよーといふのが最初の思ひ付らしい。
③ 子韻の方はこれよりは稍苦しんだ跡があるよーであるが，……。
④ 一まとめに列べよーといふに基づいたものである。
⑤ 日本語にない音のよーであるが……。
⑥ ……假字の用法に因るところもあるよーであるが……。
⑦ ……ありそーなものだのに，さうせずして……。
⑧ ……これは之を行はれしめよーとするには随分必要なことである。

---

46) 本文は，『言語學雜誌』第1巻第9号pp.22-35を引用した。
47) 本文は，『言語學雜誌』第1巻第9号p.22を引用した。なお，この箇所は，柿木（2003a）でも取り上げている。

5.3 仮名遣い

①〜⑧をみれば分かるが，全てオ列音の長音化が用いられ，品詞別にみれば，推量や意思を示す助動詞に限られている。また，「よー」が7例に対して，「そー」が1例しかみられない。ただし，歴史的仮名遣いを廃して，「棒引仮名遣い」だけを用いようとした意図があったわけではないことは，⑦で歴史的仮名遣いの「さう」を用いていることから判断できる。つまり，藤岡が何らかの明確な意図をもって，「棒引仮名遣い」を，専門的な学術雑誌で用いたわけではなかったと推察できるのである。当時の藤岡が，「棒引仮名遣い」の重要性を認めながらも，理想的な文字とは何かということを，真剣に模索していたことが，この文からも窺うことができる。

なお，藤岡が「棒引仮名遣い」を用いた学術論文については，『文学・語学』第199号に寄稿した「なぜ棒引仮名遣いは消失したのか─藤岡勝二の言語思想の変遷を辿りながら─」を執筆した段階においては気づかなかったが，その後の調査で，『史学雑誌』第11編第9号（明治34年9月10日発行）の「言語を以て直に人種の異同を判ずること」の藤岡の論文の冒頭において，この「棒引仮名遣い」を使用していることが判明した。

上記の論文において，藤岡は，経済学者田口卯吉（1855-1905）の説に対して反駁する論を展開している。藤岡以外にも，新村もこの学説に『言語學雑誌』第2巻第4号で異論を唱えているが，言語学的観点からみると，藤岡と新村の意見のほうが，至極妥当な判断であるといえる。

> かよーな題をこゝに掲げましたわけに，田口博士が六月の史學雑誌に「國語上より観察したる人種の初代」といふ題に依て，一代論文を出されましたに就ていさゝか所見を述べたいと思ひ，且は博士の御一考を願ひたいと思ひましたからであります。博士の御意見に對する論文は言語學雑誌の第二巻第四號で新村出君が出されましたからと存じます。然し新村君の論以外にも，御尋ねしたいと思ふことがありますからそれに添えて所見を述べます。

以上，藤岡の「棒引仮名遣い」の例を掲げてみたが，小学校令の施行規則が制定され，国定教科書が実用化される以前に，当時の言語学界の中心人物が，

学術専門雑誌にこのような文字を用いていた事実は，やはり留意すべき重要な事項といえよう。

では，なぜ藤岡は，この「棒引仮名遣い」の実用化を進めなかったのだろうか。当時の時代的変遷を顧みると分かるが，藤岡の理想的な文字とは，この頃から「棒引仮名遣い」は認めても，ローマ字論へ次第に移行していたと考えられるのである。藤岡の行動の軌跡を辿ると，彼の思想の大きな転換期を知ることができる。

特に，注目すべきことは，既述したように，明治38（1905）年に，藤岡が，ローマ字の普及に尽くすために，日本式ローマ字表記の創始者田中舘愛橘やその支持者等と大同団結し，「ローマ字ひろめ会」を結成したことである。この時点で，藤岡は，すでに理想的な文字をローマ字，特にヘボン式ローマ字表記法にあると目指す道標を決め，この方針を生涯貫き，ヘボン式ローマ字化の実用化に尽力することになるのである。

後述するが，「棒引仮名遣い」の改定案の変遷について，もう少し詳しくみておきたい。政府主導で進められた仮名遣改定案ではあったが，明治39（1906）年，東京帝国大学文科大学教授物集高見（1847－1928）が中心になって，国学者を中心とする四十数名が「国語擁護会」を設立し，改正表音式仮名遣いに異を唱えることになり，翌年には，貴族院議員の中で「歴史的仮名遣い」に戻すべきであるとの機運が次第に高まるようになってくるのであった。

政府は，こうした事態を憂慮し，明治41（1908）年に，ついに臨時仮名遣調査委員会を設立する。この会議では，全五回の委員会が行われたが，藤岡自身は，このときに委員にさえ就任することはなかった。一方，師の上田は臨時仮名遣調査委員に任命されている。先述したように，藤岡の関心は，この頃すでに，仮名遣いには全くなく，完全にローマ字化の理論と実践の必要性に傾注していたと考えることができるのである。

臨時仮名遣調査委員会については，次に詳しく取り上げるが，この事例を通して，文字の問題は，単なる言語学上の問題に留まらず，政治的側面から捉えなおす必要性があることを論証する好個の例となると考えることができるのである。

以上のように，藤岡は，この頃，すでに完全にローマ字化の理論と実践に傾

倒し，ローマ字の効用とその実用化について考えていたことを窺うことができるのである。しかし，勿論，初期の頃にも，ローマ字を理想的な国字と考えていたようであるが，必ずしもローマ字だけに拘泥していたとは感じられない。一般に，この頃の漢字廃止論には，漢字を廃止する代わりに，ひらがなやカタカナを実用化しようとするかな文字論，ローマ字を国字にしようとするローマ字論以外にも，新しい国字を創案しようとする新国字論という意見もみられた。藤岡が，「棒引仮名遣い」を用いた論文の中では，ドイツ人学者オスカル・ゲルストベルガーが，日本の伝統的かな文字を改良して，音素文字である新国字を創りだした例を紹介していることから判断して，藤岡勝二は，当時の漢字廃止論に対しては，何の疑念も抱くことはなかったが，当初は，理想的な文字とは何か，かなり苦悩しながら，試行錯誤していたのではないかと考えられるのである。もしかすれば，当時，藤岡が描いていた理想的な国字には，先述した様々な文字以外にも，新国字論も念頭にあったのかもしれない。

　オスカル・ゲルストベルガーの案の一例（「す」）を挙げてみると，次のようになる。[48]

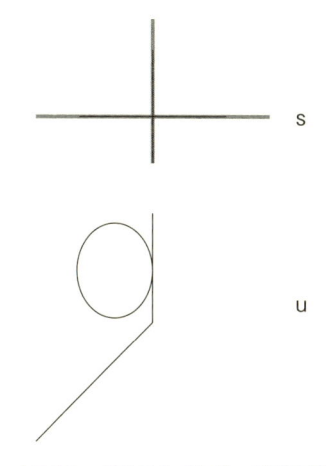

図2　オスカル・ゲルストベルガーの新国字論の一例

48）柿木（2003b）p.94を参照した。

オスカル・ゲルストベルガーは，上記のように「ひらがな」を一つ一つ分解しながら，音節文字（「す」）から音素文字（s＋u）を創り出していく作業を試みた。このようにして，日本語のひらがなを分解して，音素文字の母音と子音を創り上げていったのである。勿論，全ての文字が，うまく対応するわけではなかったが，伝統的な文字を堅持して，しかも音声を比較的忠実に反映する文字を作成しようとする方法論は，国家や民族のアイデンティティを堅持しながら，音素文字を創始した，すぐれた新国字論であるといえよう。藤岡勝二もこの新国字論を評価していたが，実用面において多くの問題を抱えていたため，実際に採用されることはなかった。また，藤岡自身も，『言語學雜誌』では，あくまで新国字論の紹介に留め，自ら新しい国字を創出して，実用化することはなかった。

　当時の新国字論として，他にも，次のようなものを掲げることができる[49]。創出した人物，その書名と国字の特徴を簡単に掲げることにした。

　　　石原忍　　　（1879－1963）『カナ文字とローマ字』発行年不明
　　　　　　　　　　　　　　　　「東眼式仮名文字」と呼ばれている。

　　　前田直平　　（1886－1988）『新らしい國字：常用及速記用』（1955）
　　　　　　　　　　　　　　　　「前田式速記法」と呼ばれている。

　　　稲留正吉　生没年不詳　　『漢字に代はる新日本の文字と其の綴字法』
　　　　　　　　　　　　　　　（1919）
　　　　　　　　　　　　　　　性（gender）の区別を有する点で特徴的な国字である。

　　　中村壮太郎　生没年不詳　『哲學はどんな考へ方をするか』（1935）
　　　　　　　　　　　　　　　「ひので字」と呼ばれている。

　　　増田乙四郎　生没年不詳　『大日本改良文字』（1903）
　　　　　　　　　　　　　　　全文ルビが施されている点で特徴的である。

　この頃，藤岡が学術論文で用いた特徴的な文字といえば，「棒引仮名遣い」

---

49) この新国字論については，すでに柿木（2003b）pp.88－96において詳述したことがあり，ここでは，p.95の例だけに留めた。

という長音符以外にはみられない。しかし，結果的に，音声を重視する藤岡が，理想的な文字として選んだのは，実際の音声に比較的忠実なヘボン式ローマ字表記法であり，その後は，「棒引仮名遣い」の存続にとって重要な臨時仮名遣調査委員に就任することも，この会議に出席することもなかったのである。

　言語政策上の観点からみると，このような藤岡の思想上の転換が，「棒引仮名遣い」の消失の一因となったといっても過言ではないであろう。

　上述したように，「棒引仮名遣い」が消失した様々な理由について概観してきた。この考察を通じて，文字の変遷の本質的な問題が，単なる文字の便宜上の理由にあるのではなく，言語政策とも深く関わっていることを理解することができると考えられるのである。

　特に，藤岡勝二の言語思想の変遷が，この「棒引仮名遣い」と深い関わりがあったことについては，これまで本格的に論じられたことはなかったといえよう。また，特筆すべき事項は，藤岡が，明治33（1900）年に入るとすぐに，『言語學雑誌』に「棒引仮名遣い」を用いた学術論文を寄稿したことである。ここにおいて，藤岡が，当初，「棒引仮名遣い」という長音符の実用化を真剣に考えていたことが明らかになるであろう。その後，藤岡は，様々な文字を検討した結果，理想的な国字はローマ字であるとみなし，「棒引仮名遣い」の実用化について一切ふれることはなかった。「棒引仮名遣い」の消失の原因には，確かに，多様な言語政策の理由があったかもしれないが，ここで着目した藤岡の思想の転換もその一因であったといえよう。

　筆者は，平成14（2002）年度の全国大学国語国文学会冬季大会において，「『言語学雑誌』にみられる『棒引仮名遣い』について―若者言葉との比較を通して―」と題して，「棒引仮名遣い」と，若者が普段用いる携帯電話のメールの長音符を比較し，その関連性について言及したことがある。この発表では，若者が，長音符をはじめ，絵文字，顔文字などを多用するのは，決して文字そのものに問題があるのではなく，国家の規範と深く関わっていることを指摘した。つまり，規範から少しでも逸脱したいという若者の心性によって，このような文字が生じ，結果として，およそ百年前の規範的な「棒引仮名遣い」を復活させたといえるのではないかと推測したのである。[50]

　既述した論考では，方法論は違えども，「棒引仮名遣い」という文字に着目し，

言語以外の問題点を扱っている点で共通項を見いだすことができるであろう。いずれにせよ，「棒引仮名遣い」が，これからも，文字という言語要素の本質を考える一助になることは間違いないであろう。

今後は，「棒引仮名遣い」を文字の表記史の面から捉えなおすと同時に，言語政策史の側面からも検討しなければならないであろう。

5.4 臨時仮名遣調査委員会について

5.4.1 臨時仮名遣調査委員会以前の状況─『明治三十八年二月假名遣改定案ニ對スル世論調査報告』─

　藤岡勝二が，当時の言語学界において，中心的役割を果していたことは，様々な事項から判断できる。『言語學雜誌』の編集人を最後まで務め上げたことや，後述する八杉貞利の学生時代の日記『新縣居雜記』の中で，当時の東京帝国大学文科大学博言学科の言語学徒たちが，藤岡邸において，言語学会設立に向け，今後の方針について討論していた事実が判明したからである。

　さらに，もう一点，次のような事項からも，その理由を窺うことができる。

　前節でも少しふれたが，明治33（1900）年に，小学校令においてはじめて「国語」という教科目が正式に導入された後，字音仮名遣いに改められることになった。しかしながら，当時の小学生が，字音仮名遣いと国語仮名遣いの違いを理解できるわけはなく，教育の現場では大変な混乱が生じた。特に，当時の小学生は，教科書のどのことばに「棒引仮名遣い」を用いてよいのか，大いに迷ったことであろう。このような問題を解決するためには，両者とも表音式に統一する必要があり，実際にそのような案が提出されたが，歴史的仮名遣いを堅持しようとする「国語会」や「国語擁護会」を中心とするメンバーが，この案を猛烈に批判した経緯がある。

　このような中，特筆すべき事項は，明治39（1906）年に，『明治三十八年二月假名遣改定案ニ對スル世論調査報告』という報告書が当時の文部省から刊行されたことである。そして，ここで，さらに注目すべきことは，この仮名遣い

---

50) 柿木（2003b）及び拙稿（2005）「絵になった感動詞」『月刊　言語』pp.64-65を参照した。

5.4 臨時仮名遣調査委員会について

に関する調査報告に対して，藤岡が次のような序文を寄稿していることである。

なお，藤岡の序文の前に，文部大臣官房図書課が，次のような内容の文を記している。

　　　　本書ハ明治三十八年二月文部大臣ヨリ國語調査委員會竝ニ高等敎育會議ニ諮問セラレタル假名遣改正案ニ對シ發表セラレタル幾多ノ世論ヲ藤岡勝二氏ニ託シテ調査セシメタルモノナリ
　　　　　　　　　明治三十九年五月　文部大臣官房圖書課

次は，藤岡が序文として記した「はしがき」の文を掲げることにする。

　　はしがき

　明治三十八年二月文部省が提出した國語假名遣改定案に就ては，明治三十八年十一月二十一日に國語調査委員會から，明治三十八年十一月六日に帝國敎育會内の調査委員會から，各修正案を提出し，一般世間には，尚諸説粉々として，未だ其是非を決定したものも多くない上，高等敎育會議は其討議の延期を答申した次第であるから，これに就ては，成るべく諸説を蒐集して，賛否何れも，如何なる根據に由るかを明かにしておく必要がある。ことに文部省の方針として，善く天下の意見を叩いたのであるから，その論議を詳らかにすることは極めて必要である。此篇の主なる目的も亦實にこゝに存する。

　字音假名遣は，明治三十三年に於て，已に其大部分の改定を行って，今回は更にその補正を出したるに過ぎないから，これに就ては多く論ずるものもなく，此篇に於ても，殊更に之に關する諸説を舉げる要はないと認めた。但し棒に就ては異論が極めて多いから，附録として其反對説の要領を舉げる。

之を要するに本篇の主眼は，國語假名遣改定案が諮問に付せられた以來，今日に至る迄，一年間に現はれた，賛否諸方面の説を蒐集抄出するに在の眞意を捕へなかった誤りがあるかも知れず，又或説の脱してあるものもあらうが，それはあらかじめ，こゝにことわっておく。

　　明治三十九年三月二十五日　　　　　　　　　　藤岡勝二

　上掲書では，長音符號（ー）を認めない反対者の理由として，次のようなことが述べられている。ここでは，五点をまとめたものを掲げておきたい。[51]

1．棒は國語の音を表はすに足るものでないこと。
2．棒は文字でない。
3．棒は他の文字との調和を缺く。
4．竪書横書に從つて數字との混同を生ずる
5．棒は美観を害ふものである。

　上記の長音符以外にも様々な改定案に反対する意見が提出されたが，本書では，「所載紙目録」として，この改正案に対して，識者がどのような考えを有していたのか，一人ひとりの意見が集約されている。本文では，これまで国語国字問題に関係した委員59名の名前が挙げられ，その代表的な論文が掲げられている。そして，その上に，（い），（ろ），（は），（に）の順で，次のような各人の主張が分類されている。

（い）（大體賛成）
（ろ）「主義賛成，修正ヲ要ス，尚研究スベシ」

---

[51]『明治三十八年二月假名遣改定案ニ對スル世論調査報告』には，本文の後に，「附録」として「長音符（ー）に就て」という報告が行なわれている。ここでは，まず長音符，すなわち「棒引假名遣い」に関する事項がまとめられている。なお，参照した「附録」からの頁数は次の通りである。pp. 1 - 11。

（は）「反對」
（に）「不問ニセヨ」

また，この合計は，次のようになっている。

（い）17名　（ろ）16名　（は）25名　（に）1名

　概ね賛成が，33名，反対が25名，不問が幸田成行（露伴）の1名のみである。
　では，以下に，59名の研究者の氏名と同時に，（い）〜（に）の分類を付記しておきたい。なお，各研究者の思想的傾向が判断できる学術雑誌も掲げておくことにする。

　（1）　吉岡郷甫　　い　　『太陽』
　（2）　堀江秀雄　　ろ　　『國文学』
　（3）　難波常雄　　は　　『國學院雜誌』
　（4）　蘆田恵之助　ろ　　『教育研究』
　（5）　伊澤修二　　は　　『國學院雜誌』・『日本』・『教育学術界』
　（6）　物集高見　　は　　『日本』・『國學院雜誌』
　（7）　獅吼仙　　　ろ　　『教育界』
　（8）　井上頼圀　　は　　『日本』
　（9）　金澤庄三郎　ろ　　『日本』・『國學院雜誌』
　（10）　井上通泰　　は　　『日本』
　（11）　大口鯛二　　は　　『日本』
　（12）　高橋龍雄　　ろ　　『國學院雜誌』・『教育學術界』・『國文學』・『教育時論』
　（13）　須崎芳三郎　は　　『日本』
　（14）　勝浦鞆雄　　ろ　　『國學院雜誌』
　（15）　萩野由之　　は　　『國學院雜誌』
　（16）　鹽井正男　　は　　『國學院雜誌』
　（17）　本居豊頴　　は　　『國學院雜誌』
　（18）　與謝野寛　　は　　『國學院雜誌』
　（19）　岸上謙吉　　は　　『日本』
　（20）　白井光太郎　は　　『日本人』・『日本』
　（21）　佐々政一　　は　　『教育界』

(22)	藤岡繼平	は	『國學院雜誌』
(23)	山根藤七	は	『國文学』
(24)	坪内雄三	は	『國學院雜誌』
(25)	逸見仲三郎	は	『大八洲雜誌』
(26)	江原素六	ろ	『國學院雜誌』
(27)	川島庄一郎	は	『日本』
(28)	建部遯吾	は	『日本』・『時代思潮』
(29)	丸山正彦	い	『日本』・『國學院雜誌』
(30)	大町芳衛	い	『太陽』
(31)	上田萬年	ろ	『教育學術界』・『教育界』・『教育實驗界』
(32)	芳賀矢一	ろ	『國學院雜誌』・『教育界』
(33)	三上参次	い	『國學院雜誌』
(34)	槇山榮次	い	『國學院雜誌』
(35)	會水生	い	『初等教育教材研究』
(36)	樂浪生	い	『教育研究』
(37)	白鳥庫吉	い	『國學院雜誌』
(38)	江尻庸一郎	ろ	『教育』
(39)	巌谷季雄	い	『國學院雜誌』
(40)	幸田成行	に	『國學院雜誌』
(41)	渡邊三城	は	『時代思潮』
(42)	池邉義象	は	『日本』
(43)	關根正直	い	『國學院雜誌』
(44)	東久世通禧	は	『國學院雜誌』
(45)	井上哲次郎	い	『國學院雜誌』
(46)	澤柳政太郎	い	『國學院雜誌』
(47)	今泉定介	ろ	『國學院雜誌』
(48)	杉敏介	ろ	『國學院雜誌』
(49)	菊池壽人	ろ	『國學院雜誌』
(50)	三浦周行	ろ	『國學院雜誌』
(51)	林甕臣	い	『國學院雜誌』
(52)	渡部董之介	い	『國學院雜誌』
(53)	逸見義亮	は	『大八洲雜誌』
(54)	田中健三	ろ	『教育學術界』
(55)	安達常正	い	『教育時論』
(56)	一村	い	『教育界』

(57) 湯本武比古　い　　『國學院雜誌』
(58) 横井時敬　　は　　『太陽』
(59) 古市由太郎　ろ　　『教育』

　ここで,留意すべきことは,従来,急進的な表音主義者とみなされていた (31) 上田萬年と (32) 芳賀矢一がともに,(ろ)「主義賛成,修正ヲ要ス,尚研究スベシ」に分類されていることである。この事実は,この後に開催される臨時仮名遣調査委員会にも影響を与えることになるのである。
　次に,八杉貞利 (1970) の『新縣居雜記 (しんあがたいざっき)』という日記の文を掲げてみたい。八杉の日記は,次のように分類されており,当時の東京帝国大学文科大学博言学科の様子が,実に克明に記されている。

　　明治31 (1898) 年度　　天部・地部・玄部・黄部
　　明治32 (1899) 年度　　天部
　　明治32 (1899) 年度　　三月—四月
　　明治32 (1899) 年度　　黄部
　　明治31 (1898) 年2月12日
　　　六時出校　午後一時ヨリ文學士藤岡勝二宅ニテ言語學會創立相談會アルベキ報ヨウ
　　　即同時刻　新村,渡辺両氏ト携テ氏ノ宅 (森川町仏教青年会内) ニ至ル会者　猪狩,金沢両文学士　新村,渡辺,矢野,八杉,五博言学科生之ナリ　新村氏之草案ニヨリ議ス　容易ニ決セズ　結局一ヶ点ニテ再上田先生ノ意見ヲ確ルタメ新村氏ヲワズラハスコトトス
　　　由テ散会午後四時半也

　一般の国語学史に関する書では,明治31 (1898) 年に,上田萬年が自らの弟子を中心にして言語学会を創始したと記されている。確かに,上田の強いリーダーシップがなければ,言語学会は創設できなかったかもしれないが,実際に

---

52) 本文は,八杉 (1970) の「明治三十一年度　天部」pp.21–22を引用した。

は，藤岡が中心となり，新村が草案を作り，新村，八杉の両名が，上田の意向を確かめる手順になっていたようである。いずれにせよ，このような事実から，言語学会創立の際には，藤岡勝二がきわめて重要な役割を果していたことが分かる。

5.4.2 臨時仮名遣調査委員会

表音主義に対抗する伝統的な仮名遣いを堅持する勢力が台頭してくるにつれて，政府はその是非を問うために，「臨時仮名遣調査委員会」を設立する。この会は，全五回行なわれているが，これより以前に刊行された『明治三十八年二月假名遣改定案ニ對スル世論調査報告』の完成の過程において，藤岡は，主導的役割を果したにも拘わらず，不思議なことに，臨時仮名遣調査委員会に対して意見を提示するどころか，委員にさえ就任することはなかった。また，表音主義者であった教育学者澤柳政太郎も普通学務局長を退任し，その後任には，表音主義反対派の岡田良平（1864-1934）が就任することになる。当時の状況は，表音主義者にとって，きわめて不利な状況にあったといえよう。しかしながら，委員の中には，表音主義を支持する上田萬年，芳賀矢一，大槻文彦など錚々たる国語学，国文学者が揃っており，会の決定を左右する理論的な思想を充分に有していたといえよう。

では，下記に『臨時仮名遣調査委員會議事速記録』に掲載された委員の名を全て記すことにする。[53]

明治四十一年五月委員長，委員，主事及書記任命左ノ如シ。
臨時仮名遣調査委員会委員長
從三位勳二等理學博士　　　　　男爵　　菊池大麓
正三位勳一等　　　　　　　　　子爵　　曽我祐準
正三位勳一等　　　　　　　　　男爵　　松平正直
正三位勳一等　　　　　　　　　　　　　淺田德則
從三位勳二等　　　　　　　　　　　　　小牧昌業

---

53) 臨時仮名遣調査委員の名は，臨時仮名遣調査委員會（1909）pp. 1-2を引用した。

5.4 臨時仮名遣調査委員会について

従三位勲三等理學博士		山川健次郎
従三位勲四等	子爵	岡部長職
正四位勲三等		矢野文雄
従四位勲二等功三級醫學博士		森林太郎
従四位勲二等法學博士		岡野敬次郎
従四位勲二等		小松謙次郎
従四位勲三等文學博士		井上哲次郎
従四位勲四等文學博士		上田萬年
正五位勲三等功三級		伊知地彦次郎
正五位勲四等		横井時雄
正五位文學博士		芳賀矢一
従五位		松村茂助
正六位勲四等		島田三郎
従六位		藤岡好古
従七位文學博士		大槻文彦
勲四等		江原素六
		鎌田榮吉
文學博士		三宅雄次郎
委員（内閣）		渡辺董之介
主事（内閣）	文部局	板根友敬
同		土舘長言
書記（文部省）正五位勲四等		肥塚龍

委員会概要

明治四十一年六月五日　　　　第一回委員會開會
明治四十一年六月十二日　　　第二回委員會開會
明治四十一年六月十九日　　　第三回委員會開會
明治四十一年六月二十六日　　第四回委員會開會
明治四十一年七月三日　　　　第五回委員會開會
明治四十一年七月十日以降休會
明治四十一年九月五日諮問案撤回ノ旨文部大臣ヨリ達セラル

全五回の委員会において，積極的に発言をした森林太郎（陸軍軍医総監），曽我祐準（陸軍中将），伊地知彦次郎（海軍中将）はいずれも，軍部に属する委員である．この点が，以前の国語調査会，国語調査委員会のメンバーとは大

きく異なる特徴といえよう。仮名遣いの調査といえども，当時は，軍部の政策を左右する重要な課題であったことを，この人物名からも窺うことができる。

また，今日では，爵位等によって学問の意義や方向性が左右されることはないが，当時の委員の役職には必ず爵位，勲何等，正，従何位といった経歴が明記されている。このような爵位の上下も，各委員の発言において，少なからず影響を与えた可能性は十分考えられる。ちなみに，この委員会において，発言力があった森林太郎は，小説家でありながら，従四位勲二等功三級であり，医学博士の学位も有していた。一方，言語学，国語学の分野で，その名が知られた上田萬年が，従四位勲四等の文学博士，芳賀矢一が正五位の文学博士，大槻文彦にいたっては，従七位の文学博士であった。三名とも，文学博士の学位は有していたが，位階だけをみれば，正三位勲一等で軍部の子爵曽我祐準（1844－1935）と比べ，かなり低い地位にあったと言わざるを得ない。

また，『明治三十八年二月假名遣改定案ニ對スル世論調査報告』でも分かるように，芳賀矢一は，上田萬年と同様，（ろ）「主義賛成，修正ヲ要ス，尚研究スベシ」に分類されている。芳賀や上田が，大槻のような急進的な表音主義者ではなかったことも，委員会全体の結論に影響を与えたといえよう。

こうした，様々な事情から，政府は当初の諮問案を撤回したと考えられるのである。

6章 『言語學雜誌』の資料的価値について
―藤岡勝二の言説を中心にして―

6.1 『言語學雜誌』について

　前述したように，明治31（1898）年，東京帝国大学文科大学教授上田萬年は，自らの弟子とともに，「言語学会」を創始し，その2年後，機関誌『言語學雜誌』を発刊する。この雑誌の発行期間は，実質上，わずか2年余りという短い間ではあったが，後の言語学界に多大なる影響を及ぼすことになった。

　ここでは，既述した箇所もあるが，『言語學雜誌』について，少し詳細に考察していきたい。明治33（1900）年2月15日，後に言語学界の中核を担う新進気鋭の学徒たちが集い，『言語學雜誌』の創刊号を発行する。序文には，東京帝国大学文科大学学長井上哲次郎の「言語學雜誌の發行を祝す」と，言語学会の創始者上田萬年の「祝辭」が掲載されている。元々は，上田の弟子が中心となり結成された一つの会の機関誌に過ぎなかったが，この雑誌こそが，後の言語学界に大きなインパクトを与えることになるのである。この明治33（1900）年が，新しき「言語学」という学問のメルクマールと位置づけることができるであろう。また，明治33（1900）年は，小学校令が施行され，「読書」，「作文」，「習字」が統一され，教科目としての「国語」が正式に誕生する重要な年でもある。

　ここで注目したい事項は，後に上田から言語学講座を継承する藤岡勝二が，明治34（1901）年より，ドイツ留学を果たしたにも拘わらず，明治35（1902）年の最終巻号（第3巻第3号）まで，編集人を務めていることである。そして，自身も，論説，雑録などに多くの論文を寄稿しているのである。このような事

実に鑑みて，本雑誌の中心的存在は，藤岡勝二であったとみることができるのである．勿論，先述した八杉の日記にみられるように，藤岡の他にも，新村出，八杉貞利の尽力はきわめて大きなものであったろう．ただし，藤岡と新村は，以降の国語学界，言語学界，国語国字問題に積極的に携わっていくが，八杉は，その後ロシア語の碩学として知られるようになり，ローマ字化運動，国語国字問題とは一線を画するようになり，上記の二人とは別の学問の道標を歩むことになるのである．

ここでは，まず第1巻第1号（明治33年2月15日発行）の著者とその論文名を記すことにしたい．

〈論説〉
日本字書の完成　　　　　　　高楠順次郎
人文史と言語學　　　　　　　保科孝一
語尾の『く』に就いて　　　　岡倉由三郎
〈雜錄〉
「マクス・ミュルレル」に對する「ホイットニー」の論争
　　　　　　　　　　　　　　八杉貞利
狂言記に見えたる諺　　　　　芳賀矢一
語學界私見　　　　　　　　　藤岡勝二
〈史傳〉
「フランツ，ボップ」の生涯及學説　　八杉貞利
〈紹介〉
〈雜報〉
〈質疑應答〉

なお，〈紹介〉以降の詳細な説明については，割愛した．

6.1.1 『言語學雜誌』の巻号数

ここでは，『言語學雜誌』の全巻号数を掲げることにする．

『言語學雜誌』全巻号数
　第1巻　1号－10号

```
第2巻    1号－5号
第3巻    1号－3号
計       18冊
```

　この雑誌で特筆すべきことは，後に各分野の碩学ともいうべき研究者たちが寄稿していることである．また，2年余りで廃刊になるとはいえ，1カ月ほどのハイペースで，学会の学術雑誌が刊行されていたことである．現代の学会の機関雑誌は，通常ほぼ年2，3回程度のペースで刊行されていることを考えると，当時の若き言語学徒たちの言語学に対する知識水準の高さを感じとることができる．この間，代表編集人であった藤岡勝二は，ドイツにおいて国外留学をしていたにも拘わらず，その後も編集人が交代することがなかったことから，『言語學雑誌』の執筆者や内容については，おそらく，藤岡が刊行前から周到な準備をしていたものと推測することができる．実際に，八杉（1970）の日記から判断すると，上田が創始した言語学会となっているが，学会の設立に奔走していたのは，藤岡，新村，八杉の三名であったといっても過言ではない．

6.1.2 『言語學雑誌』の体裁と内容

　次に『言語學雑誌』の主な体裁とその内容を掲げることにする．本項では，例として，「質疑應答」，「雑報」を挙げることにした．

　なお，現在の学術雑誌とはいささか体裁が異なるため，当時の名称の右に現在の学術雑誌にほぼ該当する箇所やその内容を記した．

```
論説…              学術論文
雑録…              研究ノート
史傳…     国語学者，言語学者の学説や資料
紹介…          刊行された著書の紹介等
雑報…         学会などの報告事項と動向
質疑應答…     一般読者からの質問と解答
```

　次に『言語學雑誌』の第1巻第4号（明治33年5月20日発行）の「雑録」に記述されている内容を掲げることにする．[54]

> 雑報
> ○言語學会大會
> 會するもの，會員外の有志者をあはせて三十七名，委員藤岡勝二氏起って本學會の報告及び開會の旨意を述べたのち，小川尚義氏の講演に移った。
>
> ……〈中略〉……
>
> 宴酣にして，加藤博士は起つて，本會のために祝辭を述べられた。博士がフヰロジーを博言學と譯し（記者いふ，本誌に曾て西周氏の譯語としたのは誤謬である）……

当時は，勿論，言語学会の創始者上田萬年，そして，国語調査委員会委員長の加藤弘之が中心的存在であったが，37名の出席者を代表して，機関誌『言語學雑誌』の編集人藤岡勝二が学会の報告及び開会の旨意を述べたことから判断して，実質的な言語学会の運営は，藤岡勝二を中心として行なわれていたことが想起できる。

次は，「質疑應答」の箇所を掲げてみたい。[55]

> 質疑應答
> 「ウラル・アルタイ」語学の一班を知るにはいかなる著書ありや。承りたし。

『言語學雑誌』は，学会誌といっても，一般の人に対しても販売されており，数は少ないが取次書店も明記されている。

例えば，この号では，京都上京區新町通の便利堂という雑誌店が記されている。しかしながら，質疑応答の内容から判断して，単に言語に関心を抱いている読者というよりも，やはり言語に関わる専門家か言語学徒がほとんどであったのではないだろうか。上記の「ウラル・アルタイ」語学の一班等といった質

---

54) 本文は，『言語學雑誌』第1巻第4号pp.83-87を引用した。
55) 本文は，『言語學雑誌』第1巻第4号p.110を引用した。

問は，よほどの予備知識がなければ分からない事項である。

このような質問者に対して，『言語學雜誌』には，裏表紙に次のようなことが記載されている。

　　　　　　　　　質疑規則
　一．質疑の範圍は左の四種とす．
　　　一．言語學一班に關するもの，
　　　二．國語學及國語學史に關するもの，
　　　三．印度日耳曼語學に關するもの，
　　　四．東洋語學に關するもの，
　一．質疑者は住處姓名を明記すべし，

次は，『言語學雜誌』の第 1 巻第 6 号（明治33年 7 月20日発行）の雑報欄の中の一文である[56]。

雑報
○海外留學生
　　今回語學研究のために多くの留學生が任命された。即獨逸語の側では，藤代禎輔氏，山口小太郎氏，英語の側では，夏目金之助氏，神田乃武氏である。

　夏目金之助（1867－1916）とは，いうまでもなく，後の文豪夏目漱石のことであるが，この頃は，まだ熊本の第五高等学校の教師であった。正式には，明治33（1900）年 5 月に英国留学を命じられていることから，後の英語学の泰斗神田乃武（1857－1923）の 2 名が留学するということが，当時の英語学界においても，いかに重要な事項であり，きわめて難しいことであったことが窺える。ちなみに，神田乃武の四男で，後の東京大学教授である言語学者神田盾夫（1897－1986）は，藤岡勝二の教えをうけており，『藤岡博士功績記念言語學論文集』

---

56) 本文は，『言語學雜誌』第 1 巻第 6 号 p.697を引用した。

に，自らの論文「ヘレニスト時代ギリシア語」を寄稿している。[57]

次は，『言語學雑誌』の第1巻第8号（明治33年9月20日発行）の雑報欄の中の一文である。明治33（1900）年に，小学校令によって導入された教科目の「国語」について詳述されている。[58]

　　雑報
　　〇小學校令の改正と言語教授
　　　かねて評判が高かつた小学校令（明治三十三年九月一日より発行）は本年八月十八日勅令第三百四十四号を以て，又同令施行規則は同二十一日文部省令第十四号を以て，いよ〳〵発布された。

先述したように，筆者は，国語学史において，この明治33（1900）年が，近代の「国語」という科目が真に成立した最も重要な時期であると位置づけている。

次に，実際に，どのようなメンバーが，この『言語學雑誌』に寄稿したのか，具体的にみていくことにしたい。表4では，『言語學雑誌』の第1号の「論説」，「雑録」，「史傳」の三つの項目に限定して，著者，投稿論文の数とその号数，論文の題目を，掲げることにした。なお，ここにおいても，原文尊重の観点から，旧字体の場合は，できる限り，元のままの字体を用いるようにした。[59]

57）神田乃武の養父神田孝平（1830-1898）は，明治12（1879）年，『東京學士会院雑誌』に「邦語ヲ以テ教授スル大學校ヲ設置スベキ説」を寄稿している。乃武は，英語学を専門とし，東京外国語学校初代校長を務めている。そして，四男東京大学教授盾夫は，東京帝国大学で，藤岡勝二の教えをうけており，後に，新約聖書の著書をもつ著名な言語学者と知られている。神田孝平が理想とした思想は，確実に継承されていったといえよう。
58）本文は，『言語學雑誌』第1巻第8号p.65を引用した。
59）表の構成については，長（1998）p.235を参照した。

表4 『言語學雜誌』の論説（著者・投稿論文数〔号数〕・題目）

論説著者	投稿した論文数（号数）	題目
高楠順次郎	5（1-5）	日本字書の完成
白鳥庫吉	4（2-5）	漢史に見えた朝鮮語
小川尚義	4（4.5.6.10）	厦門語族に就て・ファボラング語に就て
藤岡勝二	3（2.3.8）	發音をたゞすこと・發音を正すこと
岡倉由三郎	3（1.7.8）	語尾のくに就て・銘刈子
丸山通一	3（5.6.7）	日本語化したる漢語
岡田正美	2（5.6）	待遇法
保科孝一	1（1）	人文史と言語學
金澤庄三郎	1（2）	諺文の起源
楢原陳政	1（4）	支那語の分布及び類別
神保小虎	1（6）	アイヌの日本語
市村瓚次郎	1（6）	文字と言語との關係
上田萬年	1（7）	手爾波研究に於ける富士谷本居兩家の關係に就きて
金井安三	1（9）	漢土の音韻學者
上田恭輔	1（9）	日本字書完成案に貢獻すべき二三の材料
フローレンツ	1（10）	新定羅馬字書方に就て
岡澤証次郎	1（10）	日本文典に於ての試論
雑録著者	投稿した論文数（号数）	題目
保科孝一	5（2.3.4.7.10）	八丈島方言
高楠順次郎	3（5.8.10）	佛骨に關する史傳・一言一話
藤岡勝二	2（1.9）	語學界私見・ゲルストベルガー氏日本新國字
八杉貞利	2（2.6）	エドキンス氏の支那語学・アイヌ語斷片
芳賀矢一	1（1）	狂言記に見えたる諺
武笠 三	1（3）	狂言記に見えたる諺補遺
秀　峰	1（4）	臺灣俚諺
木下子之吉	1（4）	國語に似たる「アイヌ」語
及川源次郎	1（4）	禁止の「なぞ」に就きて
高木敏雄	1（5）	説話學者としての瀧澤馬琴
新村出	1（7）	日本人の眼に映じたる星
平井政愛	1（8）	薩州谷山村言語一班
田島利三郎	1（9）	台湾の琉球語彙
上田萬年	1（10）	実験的音声学に就きて
史傳著者	投稿した論文数（号数）	題目
八杉貞利	3（1.4.10）	「フランツ，ボップ」の生涯及學説
新村出	3（2.3.9）	ヤコブ，グリム
南條文雄	3（2.4.5）	東條義門傳及参考資料（他）
吉丸一昌	2（6.7）	鶴峰戊申・保田光則傳資料

6.2 『言語學雜誌』に寄稿した藤岡勝二の論文について

6.2.1 藤岡論文の内容とその特徴

下記に『言語學雜誌』における藤岡勝二の主要な論文を掲げることにしたい。

論説
「發音をたゞすこと」　　　　　　　　　（第1巻　第2号）「論説」
「發音を正すこと（前のつゞき）　　　　（第1巻　第3号）「論説」
「發音を正すこと」（前のつゞき）　　　（第1巻　第8号）「論説」
「言文一致論」　　　　　　　　　　　　（第2巻　第4号）「論説」
「言文一致」（承前完結）　　　　　　　（第2巻　第5号）「論説」

雑録
「語學界私見」　　　　　　　　　　　　（第1巻　第1号）「雜録」
「ゲルストベルガー氏日本新國字」　　　（第1巻　第9号）「雜録」

さらに，実際に，この雑誌の中の藤岡勝二の言説を辿りながら，彼がどのような思想を有していたのか，みていきたい。

まず，下記の例は，藤岡が，『言語學雜誌』（第1巻第2号）の「論説」に寄稿した「發音をたゞすこと」の中の言説である[60]。藤岡は，ここで発音の重要性について述べているが，この後の号でも，何度も「發音を正すこと」と題して，精密な発音の方法について詳しく説明している。音声言語中心主義の藤岡の理念がここでも窺うことができる。

> 言葉は考を外へ顯す道具であるといふことは云ふまでもない明らかなことであるが，言葉が其道具と定まつて居る以上は道具間違いのない様，あぶないつかひ様をせぬ様，巧みにつかふ様にせねばならぬといふことが起つてくる。

---

60) 本文は，『言語學雜誌』第1巻第2号p.24を引用した。

次の『言語學雜誌』（第2巻第4号）の「論説」に寄稿した「言文一致論」では，仮名遣い（原文は假字遣）に関して，きわめて興味深いことを述べている。従来は，文部省が定めた字音仮名遣いだけを表音式にすると，当時の小学校の学生が，字音仮名遣いと国語仮名遣いの区別を理解できなかったため，現場の国語教育において混乱が生じた。それゆえ，改正案として国語仮名遣いも表音式にする意見がでたと説明されてきた。

しかし，下記の藤岡の言説を見る限りでは，すでにそのような動きが，明治34（1901）年の頃にあったことを窺うことができるのである。

> 次に言文一致を書くやうにしやうとする勢と，文部省で字音仮名遣を改めたことの爲に國語の假字遣も大に改めやうとする運動が起りて來た。

下記で，藤岡は，方言を学問上きわめて大切なものであると述べている。次の文は，『言語學雜誌』（第2巻第5号）の「論説」に寄稿した「言文一致論」の続きである。

> 言葉を凡てありのまゝに寫して見ると，種々雜多な現象があることがわかる。今日迄はまづ一通り言語の格を規則できめておいて，それにあふのを正則であるとし，それと違て居るのを變則とか變格とか，甚しくなると訛言だとか，鄙言だとか，稱して忌はしいものゝ樣にしてはらひのけて居た。それは言語を正しくし純粋にし樣とする方では必要なことでもあらうけれども學問の方から見ると甚殘念なことである。

本項では，藤岡勝二の『言語學雜誌』における論文を若干考察してみた。上記以外にも，次項でもふれる文体論の問題など，彼独自の斬新な理論が提示されている。また，上述した箇所では，仮名遣いの問題に関する先見の明や方言

---

61) 本文は，『言語學雜誌』第2巻第4号p.46を引用した。
62) 本文は，『言語學雜誌』第1巻第5号p.7を引用した。

蔑視の時代にありながら，学問的価値としての方言の存在を認める点など，『言語學雜誌』から藤岡の国語観の一端を窺うことができる。

なお，この藤岡の言語観については，第8章で，さらに綿密な考察を試みたい。

6.2.2 藤岡論文に対する国語学者の評価

前述したように，藤岡勝二については，どの国語学者も詳しくその思想について論じていないが，国語学者の山本正秀（1979）だけは，藤岡論文を掲げ，どのような点が評価できるのか詳らかにしている。

以下は，山本（1979）による藤岡論文に対する評価である。

> （四六）藤岡勝二「言文一致論」（明治34年7月10日・8月10日，「言語学雑誌」第2巻第4号・第5号〈論説〉。国立国会図書館蔵。明治34年5月発行　言文一致会　編『言文一致論集』収録）
>
> 「言語学雑誌」の代表的な言文一致論，また当時を代表する卓抜な言文一致論。まず近頃言文一致の気運が高まってきたのは喜ばしいが，言文一致の価値や実行の方法とその結果などについて深く考えているか，計は事を起こすに初めに立てねばならぬ道理だから，言文一致が円満な効果のあがるように，その方法について講究してみたいと，執筆理由をのべ以下理路整然と説いている。
>
> 〈昭和四七年二月「専修人文論集」第八号参照〉

既述したように，藤岡は，多彩なる研究テーマを有していたために，各分野における評価は高いものもあるが，近代「国語」の成立において，藤岡が果した役割を詳らかにした先行研究は存在していない。筆者は，国語学者の中では，山本正秀だけが，言文一致における文体論の重要性を説き，藤岡の理論を深く理解した唯一人の研究者であると考えている。

6.3　「雑報」にみられる藤岡勝二の日本語教育について

本節では，2.2.7で扱った藤岡勝二の日本語教育に関する事項を，『言語學

6.3 「雑報」にみられる藤岡勝二の日本語教育について

雑誌』にみられる藤岡勝二の日本語教育と当時の日本語教育の状況を踏まえてさらに詳細に考察してみたい。[63]

以下は，藤岡勝二の名が掲載されている『言語學雜誌』の「雑報」欄である。一部は，2.2.7で掲出した箇所もあるが，ここでは，全文を含めた文を掲げておきたい。[64] なお，下線部は筆者が施した。

　　○清國留學生と日本語

　　　近來世人が支那問題に注目してきた結果，教育の事に力を盡くすやうになつたのは喜ばしいことである。支那内地に於ける日本語學校のことは，しばらく措いて，今はわが國に留學する清國留學生の状況について報道しやう。まづ横濱には廣東人が創立した大同學校があり，東京にも牛込五軒町にそれと關係ある高等大同學校がある。後者には，<u>藤岡文學士が日本語を教授してゐたことがあつた</u>。

先述したように，高等大同學校とは，明治31（1898）年に設立された日本語学校のことである。同時期に，横浜，神戸でも日本語学校が存在していたのである。

『言語學雜誌』（第1巻第2号）の「雑報」には，次のようにサンスクリット学の泰斗高楠順次郎が日本語教育に携わっていたことが記述されている。なお，頁数は，上掲書の「雑報」と同じである。

　　　本郷東片町の日華學堂は高楠文科大學教授の監督で，法閣文学士が教育してゐたのである。

高楠文科大学教授とは，いうまでもなく，本文で何度も掲出したサンスクリット学で知られた東京帝国大学文科大学教授高楠順次郎のことである。高楠は，上田萬年に言語学の知識を認められ，上田が，明治31（1898）年に創始した言

---

63) 本節は，柿木（2007ｂ）『2007年度日本語教育学会秋季大会予稿集』pp.143-148を参照した。
64) 本文は，『言語學雜誌』第1巻第2号p.252を引用した。

語学会(現在の日本言語学会は,昭和13 (1938) 年に,新村出が中心となってできた学会のことを指す)の機関誌『言語學雜誌』の創刊号にも,学術論文が「論説」に掲載されている。

　また,高楠も,この頃,日本語教育に従事していたが,若き頃オックスフォード大学に留学して,マックス・ミュラーの思想に多大なる影響をうけ,サンスクリット学だけではなく,仏教学にも傾倒していったのである。藤岡勝二は,この高楠と思想面においても通じ合うものがあり,生涯,親交を深めることになる。高楠は,「ローマ字ひろめ会」では,評議員に就任しており,藤岡も関心を抱いていたエスペラントの普及に尽力している。言語学会を創始した上田萬年は,この高楠の該博な言語学の知識を高く評価して,藤岡勝二が,明治34 (1901) 年から明治38 (1905) 年まで,ドイツ留学をしていた折には,言語学の授業を藤岡の代わりに,高楠に担当させていた。後に,仏教学の大家となる高楠は,この頃すでに,言語学の理論にかなり精通していたと考えられる。また,その言語思想は,後年,直弟子辻(旧姓福島)直四郎に継承されていく。

　先述したように,ここでは,まず1900年という時代に着目して,この前後におきた日本語教育史の実態を,言語学との関係の中で捉えてみた。また,従来あまり指摘されなかった当時の言語学者たちと,日本語教育との関連性について言及することにした。特筆すべき事項は,『言語學雜誌』(第1巻第2号)の「雑報」において,これまでほとんど明らかにされなかった事実を数多くみつけることができたことである。

　当時の言語学といえば,まず思い浮かぶ人物は,お雇い外国人として,日本語の研究と教育に専念していたバジル・ホール・チェンバレンである。彼が確立した「博言学」という学問が,「言語学」へと,移行しようとする萌芽期が,まさにこの時代であり,当時の文献を考察してみると分かるが,若き言語学徒たちが,新しき「言語学」という学問を築きあげようとする意志が強く感じられる。中でも,特筆すべき事項は,後に,東西において言語学の中心的存在になる東京帝国大学文科大学教授藤岡勝二と京都帝国大学文科大学教授新村出が,自らの言語理論を構築する以前に,日本語教育という実践の場において,留学生に日本語を教えていたという事実があったことである。

　すなわち,「言語学」という新しき学問体系が,理論的研究を通して形づけ

られたのではなく、日本語教育という実践の場を通して確立されていく過程を、具体例を通じて論証できる好個の事実といえよう。

　明治27（1894）年、日清戦争での勝利を境に、近代化する日本で学ぶ中国人留学生はますます増えていった。一時は、1万人以上も超える中国人が日本語を学んでいたことがあったといわれている。現在も、数多くの中国人留学生が日本語を学んでいるが、当時は、今では想像できないほどの日本語ブームであったと考えられる。

　ただし、当初は、日本における日本語教育よりも、中国、朝鮮における日本語教育のほうが、はるかに充実した施設を有し、優れた教員が本格的な日本語教育を行なっていた。

　例えば、朝鮮では、次のような15校の日本語学校が充実した日本語教育を進めていた。藤岡勝二の東京帝国大学文科大学博言学科の先輩でもあり、後に英語学、英語教授法で知られる岡倉由三郎も、この中の「京城學堂」という日本語学校で留学生に日本語を教えていた。岡倉は、『言語學雜誌』の創刊号の「論説」に「語尾の『く』に就て」という学術論文を寄稿しており、言語学の分野でも該博な知識を有していた。

　下記の日本語学校は、『言語學雜誌』第1巻第2号の雑報欄で「朝鮮に於ける日語學校」という題で紹介されたものを掲げた。[65]
　なお、岡倉由三郎が勤務した京城學堂には、下線を施した。

　　○朝鮮に於ける日語學校
　　　日本人が朝鮮で同國人のために建てた學校は次の如くである。日本語普及の一班を知ることが出來るだらうと思つて舉げておく。

　釜山公立開成學校
　釜山鎭技校
　釜山學院
　密陽開昌校
　大邱日語學校
　公州本願寺實業學校

---
65) 本文は、『言語學雜誌』第1巻第2号 p.253を引用した。

全州三南學堂
江景韓南學堂
仁川公立日語學校
平壤日語學校
京城學堂
京城日語學校
安城月語學校
元山日語學校
城津日語學校

　なお，日本語教育史の分野において，最も重要な役割を果した教育者といえば，松本亀次郎（1866-1945），三矢重松，松下大三郎（1878-1935）を挙げることができるであろう。
　この点に関しては，2章で少しふれたが，ここでは詳述しておきたい。まず，上記に掲げた松本は，中国人留学生の日本語教育において多大なる貢献をしたことで知られている。また，彼らを，日本語教師として招聘した人物として，東京高等師範学校教授であり教育者の嘉納治五郎の功績も挙げねばならない。嘉納は，後年，藤岡勝二とともにヘボン式ローマ字化運動の普及に尽力している。当時の日本における日本語教育の実状であるが，外国における日本語教育に比べ，ハード面，ソフト面において，かなり遅れていたと考えられる。こうした中，嘉納が，自ら設立した亦楽書院（後の宏文学院）の校長として，中国人留学生の日本語教育の指導的立場にいたのである。
　なお，上記の三人の業績について，簡単に説明しておくと，まず松本は，嘉納の要請をうけ，明治36（1903）年から本格的に留学生教育に関わり，すぐに『言文對照漢譯日本文典』（1904）のような優れたテキストを作成している。清国留学生のために最も尽力した日本語教師といえよう。後年，自らが「東亜高等予備学校」という日本語学校を設立している。三矢は，日本語教育歴は5年間という短い経験しかないものの，現代日本語文法の理論を取り入れた『高等日本文法』（1908）を刊行している。三矢の研究成果も，実践的な日本語教育の経験から生み出されたと考えられる。三矢の業績は，後の日本語教師たちにも多大なる影響を与え，その後，國学院大学で，国文学者として教鞭をとって

いる。「松下文法」で知られた松下大三郎は，日本語教育という実践を通して，日本語学（国語学）の理論を形成した人物として，特筆すべきであり，明治38 (1905) 年に，嘉納による招聘をうけ，宏文学院で留学生に日本語を教えることになったのである。松下は，数多くの著作を残しているが，当時の日本語教育の実践経験が，後の『標準日本文法』(1924)，『標準日本口語法』(1930) 等優れた著作を生み出すきっかけとなったことは想像に難くない。文法理論の用語として，「断句」，「詞」，「原辞」といった独特の用語を使っているが，他の国語学者の文法理論に比べ，口語を重視していた点で特徴的である。

　他にも，台湾，満州における日本語教育も扱うべきであろうが，ここでは，藤岡勝二の日本語教育の現状とその背景を知ることが主眼であるために，割愛することにしたい。

　当時の政治的状況であるが，日清戦争で勝利したとはいえ，依然，国力において盤石といえない日本にとって，まず統治下にある地域に，国語ナショナリズムとしての日本語を普及させることが先決問題であった。そのためには，本格的な日本語学校を設立する必要があり，嘉納は，日本語学校の校長として，この問題に関して多大なる尽力をしている。嘉納の日本語教育における業績については，日本語教育史の項目において，かなり詳らかに記述されているが，後に内閣総理大臣に就任する犬養毅については，中国人留学生の日本語教育にかなり尽力していたにも拘わらず，一般の人々の間では，その功績については，意外と知られていない。犬養は，明治31 (1898) 年に広東人が設立した大同学校，東京では高等大同学校，神戸では同文学校ができたときに，校長を務めていた。日本における留学生教育が遅くなったことに対して，犬養は，内心忸怩たる思いがあったのか，次のようなことを述べている。

　なお，下記の文は『言語学雑誌』第１巻第２号の「雑報」を参照した。[66]

　　……支那の有識者は横濱に，東京に，また神戸に日本語學校を建てゝ，清國の學生に日本語を學ばしむるのは誠に慶すべきことだが，日本人として吾輩は支那人に先鞭を着けられたのを恥ぢ且つ悲まねばならぬ。

---

66) 本文は，『言語學雑誌』第１巻第２号 p.252 を引用した。傍点は，原文通りである。

鮮烈な国語ナショナリズムの一面が窺える内容ではあるが、これが校長犬養毅が神戸の同文学校の開校式に臨んだときのことばである。

明治33（1900）年、小学校令の施行規則として、「国語」という教科目が正式に認められた時代、日本では、日清戦争での勝利を契機にして、近代国家としてアジアの中で急成長を遂げていった。同時に、数多くの中国人留学生が日本語を学ぶために来日して、朝鮮や台湾などでも、日本語教育がますますさかんになっていったのである。

ただし、当時の日本語教育の現状では、中国を中心とする多くの留学生を迎えても、充分な日本語教育を行なうことができなかったのが事実であろう。帝国日本国としては、その威信にかけて、まず優秀な日本語教師を養成することが急務な課題であったと考えられる。そうした中、国語学、国文学、言語学などの分野を専攻した若き研究者たちが、日本語教育の実践を積み重ねながら、自らの言語理論を確立していったのである。

ここで、藤岡勝二より少し上の世代になる岡倉由三郎について話を進め、当時の状況について考えてみたい。

先述したように、岡倉由三郎は、若き頃、日本語教師として朝鮮の地で日本語の普及に多大なる貢献をしたが、現在では、音声学、言語教授法の専門家としてよく知られている。しかし、彼は、明治24（1891）年から明治26（1893）年という早い時期に、京城の日語学堂で日本語を教えていたのである。また、その後、明治35（1902）年から英語と言語教授法を研究するために、3年間のヨーロッパ留学を果している。専門の分野で大いなる足跡を残した岡倉も、若き頃は、朝鮮において日本語教育に従事していたのである。特に、岡倉が、英語学や言語教授法の理論を確立する前に、日本語教育の実践経験があったことには留意しなければならないだろう。

以上、諸例をみても分かるように、当時、言語学と日本語教育は、かなり密接した学問分野であったと考えられるのである。

また、保科孝一も、後年、『大東亞共榮圏と國語政策』（1942）といった著書を刊行しており、戦時中には、石黒修（1899-1980）、釘本久春（1908-1968）とともに日本語教育に関わっていた。そして、保科が、若き頃『言語學雜誌』第1巻第2号の雑録欄において、「八丈島の方言」という社会言語学的研究に

おいて重要なトピックである地域方言を扱っていたことはきわめて興味深い事実といえよう。保科は，この後，欧州留学において国家語の実状を具にみて，国家語としての日本語，国語の存在を明確に意識するようになり，近代国家日本を拡大するためには，まず日本語教育を普及させることが急務であると感じるようになったのである。

なお，既述した松本亀次郎，三矢重松，松下大三郎については，日本語教育史の分野では必ず扱われる人物であり，研究論文も多数出ている。ここで指摘したいことは，まず彼らが，言語理論を習得した後に，実践的な日本語教育に臨んだわけではないという事実である。後に刊行される国文学，国語学，言語学に関する著書や論文は，あくまで日本語教育という実践の場を通して培われたものであり，この実践を通して，自らの言語理論を構築していったことは特に強調しておきたい。

このような言語学界で重要な役割を果した藤岡勝二も，20代の頃に，日本語教育に携わったことは，後の言語学の理論を形成する上で，大変役に立ったと考えられる。また，藤岡は，『言語學雜誌』に「発音を正すこと」，「言文一致」などの論文を寄稿しており，音声学についてもかなり詳細な説明をしている。音声中心の言語教授法に関心をもち，欧州留学中には，音声学，言語教授法が専門のヘンリー・スウィートの謦咳にも接している。藤岡の日本語教育も音声を正確に習得する教授法の積み重ねから，自らの音声学の理論を構築していったと考えられる。

一方，次の文では，当時の日本語教育の現状と藤岡より4歳年下の新村出も日本語教育に携わっていたことが記されている。

下記の文は，『言語學雜誌』第1巻第2号の「雑報」に掲載された箇所であるが，既述した藤岡勝二に関わる「清國留學生と日本語」と同じ頁数に記されている。

> それから東亞同文會でも昨年十一月頃，牛込山吹町に同文書院を設け，厦門東文學社の卒業生及びその他の留學生を容れて教育してゐる。中西重太郎氏之を監督し，金井，若林，新村の諸氏これに従事してをるのである。

ここで新村という名が出ているが、これはまさしく後に京都帝国大学教授として、多くの後身を育てた新村出にほかならない。一般の人にとっては、新村出という名は、『広辞苑』の編者というイメージが強いのかもしれないが、東京帝国大学の助教授を経て、京都帝国大学の言語学研究室において、言語学の礎を築き上げた人物である。現在では、言語学の泰斗とみなされている新村出も、この頃は、他の言語研究者と同様に、日本語教育に従事していたことには、とりわけ留意しなければならないであろう。当時の日本語教育の状況を考えると、新村が実際に日本語教育に携わったのは、20歳を過ぎた頃だと考えられる。

なお、新村は、後に『国語の尊厳』において、「新東亞建設と日本語の問題」(1943) を発表しており、先の保科孝一、釘本久春、石黒修とともに、戦時中においても言語政策に関わる日本語教育に関する論考を寄稿している。

では、ここで『国語の尊厳』に寄稿した著者とその論文の題目を掲げておきたい。戦時中には、国粋主義者以外の学者も、自らの講演や論文を通して、ナショナリズムを高揚させるために、国家のために止む無く協力せざるを得ない状況であったといえよう。国語ナショナリズムに全く無関心であった橋本進吉までもが、以下にみられるように、講演やその後の論文を寄稿している。ただし、下記の題目をみれば分かるように、橋本だけが国語ナショナリズムとは無縁な仮名遣いの本質に関する学術論文を寄稿している。

著者	論文の題目
大西雅雄	「日本國語道」
橋本進吉	「假名遣の本質」
山田孝雄	「國語の傳統」
新村出	「新東亞建設と日本語の問題」
藤田德太郎	「國語問題と國語政策」

上述した項目において、特筆すべき点は、東京帝国大学教授藤岡勝二と京都帝国大学教授の新村出の足跡である。上田萬年の後をうけて、明治38 (1905) 年に、東京帝国大学の言語学講座を継承する藤岡勝二が、若き頃に日本語教育に携わっていたということも興味深い事実といえよう。同時に、かつて松下大三郎が日本語教育という実践を通して、自らの文法を確立したように、藤岡勝

二も新村出も，日本語教育の実践の場を経験して，自らの言語理論を構築していったという事実にも注視しなければならないであろう。

　関（1997）が，日本語教育の実践の積み重ねがあればこそ，文法理論を構築し，実用的な文の法則を発見できたことを，三矢重松と松尾捨治郎（1875-1948）という二人の言語思想を比較しながら指摘したように，言語学という理論研究も，日本語教育という実践の積み重ねを通して，考え出された側面が大いにあるといえるであろう。

　藤岡，新村という二人の研究者を通して考えられることは，当時の言語学の理論研究が，決して机上の学問ではなく，日本語教育という実践の場を通して，生み出されたということなのである。

　上述してきたように，1900年代初頭に，急激に増加した清国からの留学生に対して，多くの言語学，宗教学，教育学の専門家が日本語教育に携わることになった。藤岡勝二も，この頃，留学生に日本語を教えていたが，後に「ローマ字ひろめ会」の同士として行動をともにする京都帝国大学文科大学教授新村出，東京帝国大学文科大学教授高楠順次郎，教育学の東京高等師範学校長嘉納治五郎なども積極的に日本語教育に尽力していた。朝鮮において日本語教育に従事していた岡倉由三郎も立教大学教授になった後に，「ローマ字ひろめ会」に参加している。当時の藤岡勝二の日本語教育は，音声中心の教授法であり，特に，著名な音声学者ヘンリー・スウィートの影響をうけていたと考えられるが，『言語學雑誌』の「雑録」には，具体的にどのようなテキストを用い，教授法は何を用いたのか，詳らかにされていない。

　この点についての研究は，今後の日本語教育史の研究課題といえるが，日本語教育の経験を通して，藤岡が，国語調査委員会（1902-1913）が自明のものとした「漢字廃止論」を痛感したことは容易に想像できる。藤岡の徹底したローマ字主義的思想は，この頃の経験と決して無縁とはいえない側面があるのではないだろうか。

7章　藤岡勝二とその周辺

　藤岡勝二の業績やその人物像については，現代の言語学事典などを参考にしても詳しい明記はほとんどされていない。比較的詳しいものとしては，藤岡が副手として起用した後の東京大学言語学科教授服部四郎の一連の著作や当時の学会の機関誌などで知ることができる程度である。なお，ほぼ同時代に言語学を学んだ東京帝国大学文科大学博言学科の後輩新村出や藤岡勝二の門下生であり，わずかな期間だけ東京帝国大学の教授を務めた金田一京助が，文化勲章を受章し，大部の全集が残されているのに対して，藤岡には，門下生が中心ににになって，功績会を組織し，彼の没後編集された『藤岡博士功績記念言語學論文集』しか存在していない。上田萬年の後を継承した後，実質上，東京帝国大学文科大学教授として，今日の「言語学」の礎を築いた泰斗の論文集としては，あまりにも後の二人とは対照的であるといわざるを得ない。藤岡より一学年下の新村出，確執があったとはいえ，藤岡の門下生でもある金田一京助が長命だったことに比べ，藤岡は定年前に病気で体調を崩しており，師の上田より5年も前に逝去することになる。このような点も，藤岡研究の進捗状況に影響を与えた事項といえるであろう。

　なお，上掲書の『藤岡博士功績記念言語學論文集』であるが，一体，どのような人物が寄稿して，どのような内容の論文を書いていたのか，ここで挙げておきたい。

　　昭和10（1935）年12月　『藤岡博士功績記念言語學論文集』
　　藤岡博士功績記念會（編）岩波書店

題目	著者
不可能を意味する「知らず」について	有坂秀世
疊音・疊語の一研究	安藤正次
言語活動の諸相	石黒魯平
數詞に就いて	市河三喜
蠶蛹の琉球語	伊波普猷
「三韻通考」及び「増補三韻通考」に就いて	小倉進平
ヘレニスト時代ギリシア語	神田盾夫
言語及び言語學	金田一京助
言葉の意味と理解	小林淳男
動作態と國語の文法的範疇	小林好日
飜譯の問題	小林英夫
音聲的描寫による語構成	佐久間鼎
所謂音韻學と音聲學	神保格
支那語原研究法の一試察	高畑彦次郎
中國地方の方言に關する一・二の考察	東條操
國語の形容動詞について	橋本進吉
朝鮮語動詞の使役形と受身・可能形	服部四郎
韻鏡の内外轉について	峯村三郎
徳川前期の珍しい言ひ方	湯澤幸吉郎
熟語の研究—特に身體の部分的名稱を應用したものに就いて	横山辰次
Réflexions sur le développement d'aspect du verbe slave.	S.Igeta
On the Designation-Problem of the So-Called Tokharian Language.	N.Fukushima
О значенни видов глагола славянских языков.	С.ЯСГИ.
Rise and Progress of Semitic Philology.	S.Bandō.

なお,『RÔMAJI』第30巻第5号(昭和10年5月1日発行)の最後の頁をみれば分かるが,「藤岡勝二博士記念號」と題して,当初,京都帝国大学教授新村出が「鶴の語源」という題目の論文を寄稿することになっていたことが記述されている。どのような経緯で,本論文集に収められなかったのか,不明のままである。また,外国語(フランス語,英語,ロシア語)で論文を寄稿した研究者は,上記の順でいえば,井桁貞夫,福島(辻)直四郎,八杉貞利,坂東省である。

ここでは、まず国語学会(現日本語学会)が編集し、服部四郎が担当した『国語学大辞典』にみられる「藤岡勝二」の項目をみておきたい。[67]

藤岡勝二(ふじおか　かつじ)

　　　　明治5(1872)-昭和10(1935)。言語学者。京都市に生まれた。広島出身の武田法雲(京都に出て藤岡姓を名のる)の孫。明治三十年(1897)、東京帝国大学文科大学博言学科卒業。

　　文学博士。明治三十四年(1901)-同三十八年(1905)、言語学研究のためドイツに留学、同三十八年東京帝国大学文科大学助教授、言語学講座担任、同四十三年同大学教授。昭和八年(1933)停年退官。明治四十年九月-十二月清国に出張、内蒙古にて蒙古語を調査。昭和七年(1932)奉天の四庫文庫で『満文老檔(まんぶんろうとう)』(後述)の研究のため出張の準備中であったが病のため果せなかった。【業績】長く東京帝国大学教授として言語学講座を担当し、印欧語比較文法・一般言語学・アルタイ語その他の東洋諸語を講じ、後進の指導に大きな功績があった。明治末に日本語の系統について多種多彩の臆説が行われた時に、日本語と「ウラル・アルタイ語」との言語構造の類似を指摘して、国語学界に影響を与えた。アルタイ語、ことに満州語の研究に力を致し、清朝開国の日記体の記録である『満文老檔』の最初の外国語訳としての邦訳を完成したが、出版に至らずして病に倒れた。遺稿は昭和十四年(1939)にオフセット版として出版された。なお、ドイツ留学中、明治三十六年(1903)にウプセラ大学のマイヤー(Ernst.A.Meyer)に、日本語に高さアクセントがあり京都方言のそれと東京方言のそれとが著しく異なることを教え、機械を用いて実験記録せしめた結果のマイヤー論文が、ポリワーノフの勝れた日本語諸方言アクセント研究のきっかけとなった。(服部四郎)

---

67) 本文は、『国語学辞典』p.749を引用した。

7.1 藤岡勝二と同時代の言語学徒たち

7.1.1 藤岡勝二と同時代の博言学科の学生

本項では，藤岡勝二と同時代に東京帝国大学博言学科に在籍した学生についてみていきたい。

なお，下記の資料は主に服部四郎（1984）の『言語学ことはじめ』を参考にしていることを付記しておきたい。この書は，元々，服部が昭和58（1978）年11月3日に文化勲章を受章した際，祝賀会が催され，その時の出席者の談話や服部自身の回顧録を基にして，小冊子としてまとめられたものである。

服部は，上掲書で，「祝賀会でのお話─藤岡勝二先生の学恩」に続いて，「藤岡勝二先生に関する補説」という題で，当時の藤岡に対する思い出を寄稿している。服部がいかに，藤岡の業績に対して敬意を表していたのか，充分に窺える内容であり，同時に，東京帝国大学時代の言語学科の状況も知ることができる。

なお，「まえがき」において，次のような記述があり，服部が，藤岡の学問に対してどれほどの敬慕の念を抱いていたのか想起できる。

  なお，本書の仮りの表題は「藤岡勝二先生の学恩」でしたが，敷衍して書き記して行きますうちに，チャンブレン教授，上田萬年先生，藤岡勝二先生（新村出先生，八杉貞利先生）という学問的系譜に触れることになりましたので，『言語学ことはじめ』とすることに致しました。

  昭和五十九年六月吉日

                  服部四郎

では，本書に記述された東京帝国大学博言学科の学生を掲げることにする。なお，明治33（1900）年3月に，博言学科は正式に言語学科に改称されている。したがって，下記には，明治27（1894）年から明治32（1899）年までの学生の名を一覧として示すことにした[68]。

(27年〜28年)
第三年　榊　　亮三郎　　河口　隆太郎
第二年　小川　尚義　　　金澤　庄三郎
第一年　猪狩　孝之助　　藤岡　勝二

(28年〜29年)
第三年　小川　尚義　　　金澤　庄三郎
第二年　○藤岡　勝二　　猪狩　孝之助

(29年〜30年)
第三年　○藤岡　勝二　　猪狩　孝之助
第一年　岡野　久胤　　　富士澤　信隆　　三枝　道雄
　　　　新村　出

(30年〜31年)
第二年　○新村　出　　　岡野　久胤
第一年　渡邊　良　　　　矢野　道雄　　　八杉　貞利

(31年〜32年)
第三年　○新村　出　　　岡野　久胤
第二年　○八杉　貞利　　渡邊　良　　　　矢野　道雄

　上記の名前をみても分かるように，藤岡は，入学した次の年から特待生に選出されている（○は特待生を表わす）。一年先輩には，台湾諸語の研究者小川尚義，日鮮同祖論やアイヌ語の研究でも知られた金澤庄三郎など優れた言語学徒がいながら，この頃から言語学者としての頭角を現していたといえる。以降，藤岡は，卒業するまで，特待生のままであり，それを継承したのが，後に京都帝国大学教授となる新村出である。また，ロシア語学の泰斗八杉貞利も二年生になると，新村とは甲乙つけがたい優秀な学生として，異例の特待生二名として選出されている。八杉の日記でも窺えるが，明治33（1900）年以前の言語学の若き学徒には，学年は異なるが，藤岡勝二をリーダーとして，新村出，八杉貞利が新しき言語学の牽引役として活躍していたのである。

---

68) 当時の名簿，肩書については，服部（1984）p.53を引用した。

7.1.2　藤岡勝二の東京帝国大学時代の同僚

　次は，藤岡勝二の東京帝国大学時代の同僚を掲げることにする。なお，藤岡が留学中の明治34（1901）年から明治38（1905）年までは，名前は記されていない。そして，明治40（1907）年に，新村が京都帝国大学言語学科の助教授として招聘されたために，実質上，東京帝国大学言語学科の中心的な存在は，藤岡勝二唯一人に託されることになる。[69]

```
(35年～36年）（36年～37年）
講師    国語學                      文學士          新村出
講師    朝鮮語                      文學博士文學士  金澤庄三郎

(37年～38年)
助教授  国語學                      文學士          新村出
講師    朝鮮語學，アイヌ語學        文學博士文學士  金澤庄三郎
講師    露西亜語學                  文學士          八杉貞利

(38年～39年）（39年～40年）
助教授  国語學                      文學士          新村出
 〃     言語學
        言語學講座担任              文學士          藤岡勝二
講師    右に同じ

(40年～41年)
助教授  言語學
        言語學講座担任              文學士          藤岡勝二
講師    右に同じ
```

　上記の東京帝国大学言語学科の教員の変遷をみると気づくが，明治38（1905）年に，藤岡勝二はドイツ留学から帰朝した後，講師，助教授に就任し，すぐに上田萬年の後任として言語学講座の担任になっている。この点から，すでに，藤岡が留学する前に，上田の帝国大学文科大学言語学科の講座を継承することが決定していたことが分かる。

69）服部（1984）pp.53-54を参照した。

7.1.3　藤岡勝二の東京帝国大学時代の門下生

次に，藤岡勝二が，留学後すぐに東京帝国大学の講師，助教授になった頃の言語学科の学生を中心にみていくことにしたい。[70]

文學科（言語學受驗）
明治三十八年　七月卒業
神田城太郎　大阪　　　　畠山圓諦　石川　　徳澤健蔵　廣島

明治三十九年　七月卒業
橋本進吉　福井　　　　小倉進平　宮城　　伊波普猷　沖縄

明治四十年　七月卒業
後藤朝太郎　廣島　　　金田一京助　岩手

明治四十一年　七月卒業
神保格　　東京　　　　萩原藤吉　東京　　高橋安親　新潟

明治四十二年　七月卒業
市川三喜　東京　　　　田中秀央　愛媛　　高畑彦次郎　京都
前田太郎　愛知

藤岡勝二の講義に関しては，後に記すことにして，実際に藤岡勝二の授業を受けた学生の名をみていきたい。明治38（1905）年7月卒業の神田城太郎は，後に国語調査委員会の補助委員になっている。また，上田萬年の下で，長らく東京帝国大学国語研究室助手として勤務することになる橋本進吉も，明治39（1906）年7月に卒業している。また，この年には，後に，藤岡勝二の後任として，京城帝国大学教授から東京帝国大学教授に招聘される小倉進平（1882-1944）がいる。さらに，同年には，琉球語の伊波普猷（1876-1947）もおり，きわめて優秀な言語学徒が揃っていたことが窺える。明治40（1907）年7月の卒業者には，中国語学の後藤朝太郎（1881-1945），そして，藤岡との学問上の確執があったとされるアイヌ学の金田一京助（1882-1971）がいる。本節で

---

70) 萩原藤吉とは，後の俳人荻原井泉水（1884-1976）のことである。また，金田一京助の出身地が，原文では「厳手」となっているが，誤記と判断し「岩手」と変更した。なお，門下生の詳細については，服部（1984）pp.54-55を参照した。

は，詳述することは控えるが，後藤朝太郎は後に，藤岡勝二と同様に「ローマ字ひろめ会」の機関誌『RÔMAJI』に積極的に論文を寄稿しているのに対して，金田一京助は，藤岡が存命中は，ローマ字運動に参加することもなく，後の仮名遣論争に関しても，当時は積極的な論を唱えてはいない。

明治41（1908）年には，音声学者神保格（1883-1965）の名がみえる。神保は，「ローマ字ひろめ会」において，きわめて積極的な活動をしており，当時，すでに「ローマ字ひろめ会」の実質的指導者であった藤岡の影響を強くうけていたことが窺える。明治42（1909）年には，英語学の市川三喜（1886-1970），ギリシャ語，ラテン語が専門の田中秀央（1886-1974），また，後年，藤岡の『大英和辞典』の実質的な編集を担当した前田太郎（1886-1921）の名もみえる。

以上，既述したように，藤岡はドイツから帰朝した後，すぐに東京帝国大学の講師，助教授に昇進して，後進の育成に尽力するのであるが，当時の言語学科の門下生には，後に各分野で碩学と呼ばれる言語学徒が数多くいたことを，上記の資料で知ることができるのである。

7.1.4 藤岡勝二の担当した科目

次に，藤岡勝二が，大正元（1912）年以降担当した科目の名称を掲げることにしたい。[71]

```
大正元（1912）年
文學一般        言語學概論
言語學          ウラルアルタイ言語學
日本語音聲学    比較論トシテ一般音聲学ヲ論ズ
同演習          第三學期ニ於テ之レヲ行フ

大正2（1913）年
文學科一般      言語學概論
言語學          造語法
全              ウラルアルタイ言語學
```

---

71) 服部（1984）pp.56-52を参照した。

大正3（1914）年
言語學   言語學概論   文學科全部ニ通ズルモノ
同   ウラルアルタイ言語學   前學年ノ續キ
同   音聲学通論   文科幷ニ哲學科ノ或モノニ論ズ
同   言語學原理幷ニ研究法   言語學專修者ニ課ス

大正4（1915）年
言語學   言語學概論   文學科全部ニ通ズルモノ
同   言語學演習   言語學專修學生ニ課ス
同   教育心理ヨリ見タル言語論

大正5（1916）年
言語學   言語學概論   第一年生ニ課ス文學科共通
同   一般音聲学
同   希臘羅馬文献學通論

大正6（1917）年
言語學   言語學概論   第一年生ニ課ス文學科共通
同   民族ト言語（演習）   同
同   言語心理   同

大正7（1918）年
言語學   言語學概論   第一年生ニ課ス文學科共通
同   一般音聲学
                   言語學專修生ニハ之ヲ言語學一単位トセズ
同   意義論   同

大正8（1919）年
言語學   言語學概論
同   インドヨーロッパ語總論   内一時間演習

大正9（1920）年
言語學   言語學概論
同   佛蘭西言語學演習   言語學專攻者ノ爲ニ
同   言語學史   言語學專攻者ノ爲ニ

大正10（1921）年
言語學   言語學概論

言語學	一般音聲学	
同	ゲルマン語學演習	
		言語學專攻者ノ爲トス一般聽講ハ妨ナシ

大正11（1922）年
言語學	言語學概論
同	ロマンス語總論
同	フランス語演習

大正12（1923）年
言語學	言語學概論
同	フランス語歴史文法
同	音聲學

大正13（1924）年
言語學	言語學概論	
同	國際用語論	言語學科學生以外ニモ
同	言語學演習	言語學科學生ノタメ

大正14（1925）年
言語學	言語學概論
同	音聲學
同	言語學演習
用書	*Stand und Aufgaben der Sprachwissenschaft*

大正15（1926）年
言語學	言語學概論
同	言語學演習
用書	Paul:*Prinzipien der Sprachgeschichte.*
同	言語ノ分布ヘ研究

昭和2（1927）年
言語學	言語學概論
同	インドゲルマン比較語法
同	一般音聲學
同	滿洲語（【蒙】古語實習語の豫備）（枠外）

昭和3（1928）年

言語學	言語學概論
同	言語意義論
同	言語學演習
同	蒙古語（枠外）

昭和4（1929）年

言語學	言語學概論
同	一般音聲學
同	言語學演習
同	蒙古語實習（五名以上希望者ナキ場合ハ開講セス）

昭和5（1930）年

言語學	言語學概論
同	支那言語學演習
同	トルコ語解読（アルタイ語研究ノ第三トシテ）

昭和6（1931）年

言語學	言語學概論	
同	トルコ語講讀	
同	ゲルマン語歴史語法	
		独逸語學ノ單位トナスコトヲ得
同	支那文語語法	支那文學ノ單位トナスコトヲ得

昭和7（1932）年

言語學	言語學概論
同	所謂タタール語各論
同	ウイルヘルム・フォン・フムボルトヲ中心トシタル言語研究史
同	言語學演習（虚字研究）

次に，藤岡が担当した主要な科目名を並べると次のようになる。

言語學　　　言語學概論

　　　　　　言語學演習

　　　　　　（Paul:*Prinzipien der Sprachgeschichte.*）

　　　　　　音聲学

一般音聲学
フランス語歴史文法
フランス語演習
ロマンス語總論
ゲルマン語學演習
ゲルマン語歴史語法
インドゲルマン比較語法
國際用語論
滿洲語
蒙古語
蒙古語實習
トルコ語解読
所謂タタール語各論
支那言語學演習
支那文語語法
ウイルヘルム・フォン・フムボルトヲ中心トシタル言語研究史
言語意義論
言語學演習（虚字研究）

　上記の科目名から，藤岡は研究のみならず，実に多岐にわたる科目を担当していたことが分かる。一般言語学に留まらず，満州語，モンゴル語，トルコ語，タタール語などのアルタイ諸語，支那語学，そしてドイツ語，フランス語などのヨーロッパの諸言語の文献学研究，該博な知識を有した学者故に担当できたのであろう。さらに，上田萬年が講義のために使用したヘルマン・パウルの『言語史原理』の原文を演習で用い，ヴィルヘルム・フォン・フンボルト（1767－1835）を中心とした言語研究史の講義を行っていたことも特筆すべきであろう。
　なお，藤岡は，上記の多彩な科目を東京帝国大学文科大学の学生たちに熱心に講義すると同時に，ローマ字化国語国字運動の理論と実践も積極的に進めていた。しかし，不思議なことに，藤岡のローマ字化運動の理論と実践については，愛弟子ともいえる服部四郎でさえ，ほとんど知らなかったことが，次に掲げる服部四郎の回想から窺うことができる[72]。

教授としてこれほど精力的に活躍なすった藤岡先生も，論著の点では驚くほど寡作である。土田滋助教授の発見されたRômaji（ローマ字ひろめ会の機関誌）30巻5号の「藤岡博士記念号」（昭和10年5月1日発行）の「論著要目」を見ても，そうである。―これは迂闊なことだったが，この雑誌によって先生が非常に熱心なローマ字論者であられたことを初めてはっきりと知った。「入りわたり」「出わたり」というような音声学の術語も先生の発明に違いない。

7.1.5　藤岡勝二の印象

まず，ここでは，藤岡とともに，明治33（1900）年以前に，国語の事項取調の調査に尽力した保科孝一の藤岡に対する印象をみていきたい。以下は，保科（1957）の回想録である。[73]

> 次に，藤岡勝二君は隠れもない上田門下のナンバーワンであるが，留学から帰ってきて，普通ならすぐ教授に昇任するのが例であるのに，二年たっても，助教授のままにすえおかれた。

保科は，上田の国語研究室において，新しき「国語」の概念を築きあげていくのであるが，保科の回想録を読むと，長年，東京帝国大学助教授として仕えた恩師上田の性向に対して，時には辛らつなまでの批評を下している。いずれにせよ，当時，保科からみても，藤岡勝二は，上田門下のナンバーワンであると，その能力を大いに評価されていたと考えられる。

また，東京帝国大学文科大学英文科三年生の芥川龍之介（1892-1927）が，大正4（1915）年に，藤岡勝二の講義をうけたときの印象が描かれている。この年には，藤岡が編集人を務めた『帝國文學』で「羅生門」が発表されている。当時は，東京帝国大学の一学生にすぎなかった芥川の藤岡勝二に対する印象は，

---

72) 本文は，服部（1984）p.69を引用した。
73) 本文は，保科（1957）pp.62-63を参照した。

きわめて鮮烈なものであった。なお，この箇所については，金田一春彦（1990）も，芥川の文章にふれており，佐藤（2007）も同一箇所を指摘している。芥川の文章を挙げる前に，ここでは，まず金田一春彦の回想録を先に掲げておきたい。

　　前に言ったように，父は東大の助教授になったが，当時教授は上田万年のあとを継いだ（原文「た」）藤岡勝二博士であった。この博士のことは，芥川龍之介の「あの頃の自分のこと」などでは，おもしろい先生だったように書いているが，父はどうもこの博士と気持ちがぴったり行かなかったらしい。父のどういう性癖が—八方美人的処世法か？—きらわれていたのであるが，それが分からず，随分苦しんでいたようであった。藤岡博士に定年がくれば，父があとを襲って教授になるはずである。が，どうも腹が分からないと思っている間に，藤岡博士が定年になった途端に，京城大学にいた小倉進平博士が招かれて教授になってしまわれた。小倉博士は父と同年の生まれである。これでは，父は定年まで万年助教授の地位に甘んじなければいけないのではないか。これにはがっかりしたにちがいない。

なお，英文科の学生であった芥川が，言語学科の藤岡の講義を受講できたのは，7.1.4で掲げたように，文学部の学生全員が，藤岡の担当科目「言語学概論」を受講できた記録があることから知ることができる。以下の文は，芥川が，当時の授業を回想した箇所である。

　　今度は藤岡勝二博士の言語学の講義である。ほかの連中は皆先へ行って，ちゃんと前の方へ席をとって置くが，なまけ者の我々は，いつでも後からはいって行って，一番隅の机を占領した。その朝もやはりこう云う伝で，いよいよ鐘が鳴る間際まで，見通しの好い二階の廊下に低徊していたのである。藤岡博士の言語学の講義は，その朗々たる音吐とグロテスクな諧謔とを聞くだけでも，存在の権利のあるものだった。もっとも自分の如く，生来言語学的な頭脳に乏しい人間にとっては，それだけ

で権利があったと云い直しても別に差支えはない。だから今日も，ノオトをとったりやめたりしながら，半分はそう云う興味で，マックス・ミュラアがどうとかしたとか云う講義を面白がって聴いていた。

一学生として芥川の受講態度は決して誉められるものではないが，藤岡の講義の一面を窺うことができる。「その朗々たる音吐とグロテスクな諧謔」とは一体どのような内容のものであったのか知るよしもないが，少なくとも芥川にとって強烈な印象を与えたことだけは確かであろう。また，マックス・ミュラーの名前を挙げているが，藤岡自身は，マックス・ミュラーに対して批判的であったため，講義でも，この点を取り上げたのかもしれない。

次に書かれたものも，藤岡勝二の人物像を語る上で，決して良いとはいえない箇所である。帰朝後の藤岡に直接教えをうけた学生には，中国語学の後藤朝太郎と同級のアイヌ語学の金田一京助がいる。先に挙げた京助の長男金田一春彦は，専門の日本語のアクセント研究以外にも，ロングセラーとなった一般向けの新書『日本語』(上・下) を刊行しているが，当時は，現在ほど，一般向けの言語学の概論書の類の本はほどんど存在してはいなかった[74]。先述したように，あえて挙げるとすれば，藤岡の『言語學概論—言語研究と歴史—』，台北帝国大学総長，国語審議会会長を歴任する安藤正次 (1927) の『言語學概論』，その後は，寺川喜四男 (1910 - 1987) の『言語學入門』(東雲堂) などもあるが，現在のように，外国人のための日本語教育に必要となる「日本語教育能力検定試験」に合格するために，「言語学」を勉強するような実利的側面は全くなかったといえよう。金田一春彦は，マスメディアでの活躍と同時に，専門書よりもむしろ一般書を数多く執筆している。その一つが，『話し言葉の技術』(1977) であり，後に，講談社の学術文庫から刊行されている。

本書では，『國語國字問題の歴史』を執筆した平井昌夫 (1908 - 1996) が解説をしており，「金田一さんのことども」と題し，金田一春彦が『四座講式の研究』という著書で，東京大学の博士号を堂々と獲得したことに触れると同時に，あくまで噂としながら，藤岡勝二について，次のような文章を寄せてい

---

74) 金田一 (1988) には，明らかに藤岡 (1938) を参考にした例がみられる。

る。[75]

　　この博士号の獲得は期せずして彼が親のうらみをはらしたことになります。親つまり金田一京助博士は検定検定で大学教授になった山田孝雄博士とともに，博士号の論文が東京大学の文学部事務室の金庫の中になぎいことおかれっぱなしで，なかなか審査してもらえないと，学生にまで知れわたっていたのでした。京助博士のばあいは，言語学の藤岡勝二教授が，「あんなものが博士なら，台湾の山奥の樹齢何百年の樟（くすのき）を見ていればみんな博士になれる」と言ったとか言わないとかと，これまでわれわれ学生たちに取りざたされていました。これはアイヌのユーカラのことをさすのでしょう。そうしたうわさが本当かどうか知りませんが，「経歴より実力だよ」とか，「そんな樟を探したり，見ていたりすることだって大変な苦心と努力がいるぞ。アカデミーの毒でかたまっている東大は度しがたいな」とうわさしたことを覚えています。

　以上，みてきたように，後の研究者の随想などによって，藤岡勝二という言語学者にとってマイナスのイメージが働いたことは想像に難くない。しかしながら，総合的に判断して，当時の東京帝国大学文科大学の教授という立場や愛息の死によって，仏教に関わる論説を書き始めたことなど，人間味にあふれる側面もあったといえよう。特に，直弟子服部は，次のように記しているように，藤岡の学問に対する厳格さと仏教的な温かな眼差しの両面を感じていたことであろう。服部（1984）は，藤岡勝二を泰斗と呼ぶべき威厳を有していながら，その内面は慈愛に満ちていたと感じていたのである。[76]

　　このように先生は，近寄るべからざる威厳を持っていらっしゃったが，反面大変温かいお人柄であった。私は家族の事で先生方にご相談したことは一度もないが，ある時思い余って兄の事を申し上げたところ，やさ

---

75) 本文は，金田一（1977）p.315を引用した。
76) 本文は，服部（1984）p.74を引用した。

しいお言葉でなぐさめて下すったので，私は大変元気づけられた。この事は，今思い出しても心温まる思いがする。

また，藤岡勝二のローマ字化国字運動の理論と実践を継承した後藤朝太郎と神保格は，次のように「藤岡勝二博士記念號」と題した『RÔMAJI』第30巻第5号（昭和10年5月1日発行）17頁において，師の藤岡を偲んでいる。

議論よりも実行

後藤朝太郎

時代の渦巻きは議論の舞臺でなく實行の舞臺へと進んで來た。ローマ字の漢字の，カナのと争ふを休めよ。現實が物語る所のものを以つて論より證據とする。メートルを軍部や米屋が使ふとしても土地臺帳や地坪の測量師の言葉の上ではツボ（坪）と云ふ語をやめるわけにはいかぬ。時代の進歩によりローマ字の採入れられることは少しも妨げぬ。又之を古くから主張せられてゐた先輩の御努力は多としなくてはならぬ。敢へて靈前にこの言葉を捧げたい。

問題を純理論的に

神保格

藤岡勝二先生がなくなられたのは誠に残念に堪へません。先生は色々の方面に活動なされた中で，ローマ字問題に非常に熱心であられました。先年來設けられた文部省の臨時ローマ字調査委員會についても色々考へられ，或時先生は私に向つて，「この問題は純粋に理論的に考究しなければいかない」と言はれました。私も初めから其の通りに考へてゐたので，今先生の御言葉を得て益々意を強くしました。今迄に或程度まで理論的の審議研究が行はれましたが，尚〳〵残してゐる問題が澤山にあります。この際先生を失つたことは愈々以て残念なことと存じます。

上記の後藤朝太郎は藤岡のローマ字化運動の実践面を，東京高等師範学校教授神保格は，藤岡のローマ字国字論の理論的側面を思い出し，藤岡の急逝を悼んでいることを窺うことができる。

　筆者は，藤岡勝二の仏教学に関する著書を読むと，彼が決して意地の悪い人間だとは思えないのである。学問的には容赦のない辛らつな厳しい批判をしたために，後にその性向を嫌った研究者もいたかもしれないが，それは，あくまで学問に対する厳しさであり，仏教的精神を有した稀有な学者であったと考えている。

8章　藤岡勝二の言語観

8.1　藤岡勝二の国語観

　本節では，藤岡勝二の国語観について若干の考察を試みたい。藤岡勝二は，音声言語中心主義を唱えており，言文一致に関しては，文体を中心に論を展開している。

　また，藤岡（1907）の『國語研究法』を熟読すれば分かるが，著書の題名は，「國語」となっているが，本著は，近代の言語学史と言語理論を論じたものであり，従来の国語学とは全く趣が異なる。また，藤岡の文をみれば分かるように，進化論に基づいた音韻変化から脱して，すでに，この頃，現代の社会言語学的理論に酷似した考え方を提唱していたことは傾注に値するといえよう。この点については，社会言語学の曙光において論説したい。

　ここでは，まず，藤岡の国語観を考察する上で最も重要な著書である『國語研究法』の章立てを掲げておくことにする。

　　　第1章　言語の觀念
　　　第2章　國語と方言
　　　第3章　文語と口語
　　　第4章　支那語，日本語，西洋語
　　　第5章　語法と辞書
　　　第6章　語法と論理
　　　第7章　保守説と改定案

また，次の序文においても，藤岡が目指した「国語研究」の一端を窺うことができる。なお，本書は，下記の文でも分かるように，帝国教育会の藤岡の夏期講座での講演を基にして編まれたものである。当時の著書や論文の中には，藤岡に限らず，元々は講演形式で行われたものが，後に出版される場合が数多くみられるのである。

> 國語研究の方法は輓近大いに進歩し來つて，印度日耳曼言語學の應用も稍〻盛んになつた如くであるが，言語の根本觀念を誤れる實證は彼此時下の問題に露はれ，國語觀察方法の猶奪套を脱しないものがあることは，吾人の遺憾とするところである。國語の性質を明かにせんとする科學的研究の起ることを望むものが聊かこの點に就て論を試みることはあながち無益の業ではあるまい。帝國教育會の夏期講習會に方つて地目題に就て講演したのもこゝに感じたからである。

なお，藤岡はこれより以前にも，「音声学」という用語を使用しているが，当時は，「声音学」という名称が一般的であり，藤岡の東京帝国大学文科大学博言学科の後輩にあたり，後年，ロシア語学の泰斗となる八杉貞利は，この頃，『言語學雜誌』の「言語學入門」や様々な著書や論文において，一貫して「声音学」という名称を用いている。

先述したように，服部 (1984) は，「入りわたり」「出わたり」というような音声学の術語は，藤岡の発明であると指摘したが，「音声学」という用語自体も，藤岡が言語学の専門用語として定着させようとした意図があったことは十分考えられる。

8.1.1 藤岡勝二に影響を与えた言語学者 （ホイットニー・パウル・スウィート）

藤岡勝二は，3年余りのドイツ留学を経て，上田萬年の代わりに東京帝国大学文科大学言語学科で言語学を担当することになるのだが，「言語研究法」ではなく，ここでは，あえて「國語研究法」という名称を用い，自らの言語学の思想を明らかにしている。この中で，藤岡は，ヘルマン・パウルの『言語史原

理(Prinzipien der Sprachgeschichte)』(1880)に依拠した理論を提唱しており，「ことばは変わる」というテーゼを重視しながら，ホイットニーの社会制度を援用して，言語の本質を突き詰めようとした。

なお，上述した『言語史原理』の序文では，東京帝国大学文科大学の門下生にあたるギリシャ語，ラテン語を専門とした田中秀央が藤岡から次のようなアドバイスをもらったことを回想している。

このような事実に鑑みて，藤岡が，すでに，パウルの訳を脱稿していた可能性があることを窺わせる。[77]

> 私は今から六十年ほど以前に，東京帝国大学文科大学言語学科の一学生であった頃，藤岡勝二先生から，この書物(『言語史原理』)は是非読むようにと教えられたので，買い求めて骨折って読んでみたが……
>
> 昭和40年6月5日
> 田中秀央

また，訳者のドイツ語学の福本喜之助(1903-1981)は，『言語史原理』を，昭和51(1976)年に邦訳しているが，「解説」の中で，抄訳として八杉貞利のものがあることを述べた後，次のようなことを指摘している。ただし，藤岡の訳書は，そのほとんどが，彼が逝去した後，刊行されたものであり，その存在の可能性は充分考えられるが，現時点においては，この翻訳は見いだされていない。

> このほかに，小林英夫氏「言語研究態度篇」(1937)に，「言語史原理」の「序説」が訳され，また藤岡勝二博士の遺稿中にも，未発表の訳稿があるとのことである。

では，藤岡勝二の言語観とはどのようなものであったのか，ここでもう少し詳しく考察してみたい。

---

77) 傍点の箇所(『言語史原理』)は，筆者が書き加えた。

藤岡は，上田が導入した「比較言語学」という学問分野の枠の中におさまることなく，ホイットニーやヘルマン・パウルの言語思想の影響を色濃くうけ，社会的制度，言語の変遷など，今日の社会言語学が扱う分野を初めとする様々な言語理論を，「国語」という学問分野の方法にも取り入れようとしたのである。それは，全文が，言語学に関わる重要な項目について説明をした『國語研究法』の各章に如実にみられており，本書の題名にも，「言語」ではなく，あえて「國語」という名称を用いていることからも窺うことができる。

　また，当時の青年文法学派（ヘルマン・パウルも多少の思想上の相違はみられるものの，この学派に属していた）がそうであったように，文字重視の文献主義的な思想から音声言語主義へと言語理論の転回が生じ，藤岡も，当時の音声学の第一人者であったヘンリー・スウィートの影響を強く受け，後に，欧州留学の際には，スウィート本人の謦咳にも接している。もっとも，ヘルマン・パウルの著書は，上田萬年が，すでに講義の中で取り上げており，ヘンリー・スウィートについても，同時代の日本語文法学の泰斗山田孝雄（1873-1958）も，その著書を熟読していた。

　勿論，藤岡と同時代の研究者は，これらの研究者の影響をうけているため，藤岡だけが，これらの理論に通じていたわけではないが，藤岡の思想の根底にある重要な学者は，明らかに，ウィリアム・ドゥワイト・ホイットニー，ヘルマン・パウル，ヘンリー・スウィートと考えられるであろう。また，藤岡が，当時としては珍しく，いちはやく，アウグスト・シュライヒャー（1821-1868）の『ダーウィン理論と言語学（Die Darwinsche Theorie und die Sprachwissenschaft）』にみられる「言語有機体観」という言語と進化論を結びつけるくびきから脱しており，ことばを本来の人間と社会のものに取り戻すことを強調している点には，特に留意しなければならないであろう。シュレーゲル兄弟の流れをくみ，シュライヒャーが提示した鉱物，植物，動物といったプロセスで，言語が変化するという学説に疑義を呈しており，上述した『國語研究法』の中でも，この人間社会と隔絶した言語変化は存在しないことを喝破しているのである。

　最後に，藤岡勝二自身が生前刊行した『國語研究法』の第4章「支那語，日本語，西洋語」の中の重要な箇所を掲げておきたい[78]。なお，この後の具体的な

言語学の専門用語については，8.1.3で詳説したい。

　　　……獨逸の言語學者シライヘル氏（Schleicher）が凡ての言語の分類を三つにした，その一つ＾に配當することが出來る。シライヘル流の分離法は此人より以前から已に成立したんとしてゐたのであるけれども，此人が明かに云ひ立てたのである。今こゝに此分類法を先づ説明しやう。

8.1.2　社会言語学の曙光

　まず，藤岡（1907）が，次のように，現代の社会言語学の理論に酷似したような考えを，すでにこの頃述べていたことに注目したい。
　なお，本文中の傍点は全て藤岡自身が施したものである[79]。

　　　……，もはや今日では言語を自然物と見るものも，言語學を自然科學と考へるものもなくなったのである。即ち言語の材料たる音聲は自然のものにもせよ，之を用ゐて言語を形造るのは人の力であるといふことになったのである。

　社会言語学といえば，言語に人間と社会との関係を介在させないノーム・チョムスキー（1928-）の理論に対して反駁するために出現したように考える研究者もいるが，上記のように，明治40（1907）年というきわめて早い時期に，藤岡が，言語と人との強い紐帯を意識していたことは，特筆しなければならないであろう。
　なお，1980年代に，日本においても方言研究を中心とした社会言語学の進展と同時に，言語，民族，国家との関係を鋭く考察した社会言語学者田中克彦（1934-）が，『ことばと国家』（岩波新書，1981）の中で，従来の比較言語学の問題点を以下のように指摘している。ここでは，田中（1981）が，「シュラ

78）本文は，藤岡（1907）p.63を引用した。
79）本文は，藤岡（1907）p.147を引用した。

イヒャーの印欧祖語」に関して、詳細に述べた箇所（151頁）と「あるゆる変化は採用である」というテーゼについて詳説した箇所（153頁）を掲げておきたい。

田中（1981）は、「採用」という用語を掲げ、pからfへの音変化を例にだし、ことばの変化を人間のもとに戻した言語学者エウジェニオ・コセリウ（1921-2002）の学説について述べている。

> 祖語から娘、娘から孫娘へと展開していくその仕方のなかに、変化の規則性を発見したと信じたとき、言語の科学も自然科学と対等の地位を獲得し得たものと人々は歓喜したのである。
> 「言語は、人間の意思に規定されることなく発生した自然有機体であって、一定の法則に従って成長し発展し、やがて年をとって死に絶える」「言語の科学はしたがって自然科学にほかならない」とシュライヒャーは書いて、十九世紀自然科学のシンボルである「法則」の王冠を言語の上にかぶせたのであった。
>
> pからfへの変化は、一団の言語の話し手のなかで各個人の上に一斉に起きたのではなく、ある個人の上に生じた変化が拡散し、社会的に採用されたのだということを、じつによくわかるように説明したのはエウジェニオ・コセリウだった。かれは、あらゆる変化は採用であり、採用は人間の意思の行為であること、ちょうどタイプライターのpの文字を一たびfでとりかえたならば、あとは何度たたいてもfが出てくるのは少しもふしぎでないのと同様、それは自然の法則とは無縁なものだと説明してみせた。こうして、音韻法則は、超人間法則の神秘の世界から、やっと人間世界にひきもどされたのである。

筆者は、田中（1981）の『ことばと国家』をはじめて読んだとき、シュライヒャーに対するコセリウの言語変化の考え方に共鳴したことを今でも覚えている。しかし、その後、藤岡の『國語研究法』を熟読することによって、明治40（1907）年という言語学の黎明期に、藤岡勝二が、シュライヒャーの理論を挙

げた上で，最後に「……言語を形造るのは人の力であるといふことになったのである」と喝破したことに驚かざるを得なかった。勿論，ここでは，「採用」という用語こそ使ってはいないが，藤岡が，この頃すでに，自然の音韻法則という桎梏から脱し，人間の力が言語変化を生じさせる原因となることに気づいていたことは，刮目すべき重要な事項であるといえよう。

8.1.3 藤岡言語学の後継者とその位置づけ—博言学から言語学へ—

では，藤岡勝二の言語思想を継承したのは，誰なのか，また，藤岡勝二の言語学界の潮流における位置づけは，どのようなものであったのか，考察してみたい。

まず，藤岡 (1908) といえば，日本語系統論の研究であるが，この方法論を受け継いだのが，藤岡の下で副手として勤務した後，アルタイ学を初めとする数々の著書や論文を刊行した後の東京大学教授服部四郎であろう。服部は，一時期，国語学界において，主たる研究テーマになった日本語系統論を解明するために，モリス・スワデッシュ (1909-1967) の理論を援用した言語年代学を日本語にも適用しようとした。この頃には，アルタイ学の村山七郎，東南アジア諸語の研究者松本信広 (1897-1981) 等が日本語の系統について持論を展開していたが，後に，タミール語の起源を提唱した国語学者大野晋も，方法論をめぐって，村山と激論をしている。そのような中，服部も，元々は日本語の系統を知るために，東京帝国大学文学部言語学科（当初は英文学科）に入学したこともあり，後に，藤岡とは別の計量学的な方法論で，この日本語の系統の解明に全力を尽くそうとしていたのである。服部も，村山も日本語の系統を，最後には，アイヌ語との関係で証明しようとしたが成功はしていない。

なお，服部が大学一年生の頃，藤岡の授業をはじめ，どのような科目を登録していたのか，下記の文から窺うことができる[80]。

> 大學の一年生の時の私の時間表には蒙古語・朝鮮語・アイヌ語の三つの東洋語が記入されてゐる。

---
80) 本文は，服部 (1935) p.423を引用した。

上記の文でもみられるが，服部は入学した頃，藤岡が担当した蒙古語や，朝鮮語，アイヌ語を学べば，日本語の系統を知ることは，それほど難しいことではないと考えていた。しかし，このような講義を通して，服部は，次第に，日本語の系統を解明することが，いかに難しいことであるか，知ることになるのである。

　また，本項では，藤岡勝二の後継者という点に関しても，筆者の考えを少し述べておきたい。よく知られているように，藤岡の東京帝国大学文科大学言語学科の後継者は朝鮮語が専門の小倉進平であった。小倉の研究業績自体に問題はないのであるが，当時すでに金田一京助が助教授にいたため，この人事は後進の研究者にとっては，意外なものと感じられたらしい。筆者は，この人事の理由について，次のようなことが関係しているのではないかと推測している。藤岡は，確かに，アルタイ諸語の研究に精通しており，日本語の系統論については，従来にない類型論的なアプローチ，また膨大な満州語，モンゴル語の文献の翻訳を試みている。また，当然のことながら，英語，ドイツ語，フランス語にも堪能であった。自らは，ドイツ留学も果しており，フランス語の翻訳を残し，英語の辞書等も完成させている。また，ギリシャ語，ラテン語にも精通していた。ただし，この中で，日本語と系統的に関係の深い可能性がある朝鮮語だけは，論文が残されていない。在任中も，金澤庄三郎の「日鮮同祖論」という考え方を忌み嫌い，学士さえ有していない本田存という通訳に東京帝国大学の朝鮮語を任せている。確かに，小倉は，当時，京城帝国大学の教授として，朝鮮語の方言研究において着実な研究成果を修めており，同年ではあったが，東京帝国大学では，金田一京助より一年先輩であった。こうした経緯により，一見この人事は妥当とも思えるが，筆者は，該博な言語を巧みに用いた藤岡が，朝鮮語に関する論文を一編も残していないことから考え，小倉を後継指名した背景には，いささかその業績を過大視した可能性があったことも否めないのではないかと判断している。

　ところで，「言語学」といっても，当時は，今日のように「言語学」という学問が確立するまでには，この研究領域は成熟してはいなかった。それは，次にみられる藤岡（1907）の使用した用語と，現代言語学の用語とが，別の名称で用いられていることからも窺える。現代のように一般言語学の用語さえも，

8.1 藤岡勝二の国語観

まだ定着はしていなかったのである。

この時点では，まだ，言語学という学問分野が，過渡期の状況であり，専門用語の面でも，統一をしていなかった例を挙げておきたい。

では，当時，藤岡が使用した用語と現代言語学の用語を下記に掲げ，比較対照しておくことにする。

	藤岡が使用した言語学用語		現代の言語学用語
（1）	單意語	→	孤立語
（2）	添着語	→	膠着語
（3）	曲尾語	→	屈折語

図3　藤岡が使用した言語学用語と現代言語学の用語の名称

現代言語学の用語では，上記の分類以外にも，エスキモー語に代表される抱合語のようなものもあるが，ここでは特に上記の三つの分類に限定することにする。

藤岡（1907）は，この後，上記の用語の説明とかつての言語学がダーウィンの進化論に影響され，自然有機体説に強い影響をうけたことについて詳述している。この中で，注目すべきは，中国語学者のエドギンスの考え方を掲げていることである。

なお，エドギンスについては，八杉が，『言語學雜誌』（第1巻，2，3，6，8号）の中で，「エドキンス氏の支那語學」という題目で，精緻な論考を寄稿している。藤岡は，このエドキンス氏について，次のようなことを述べている。

> エトギンス（Edkins）といふ人も1880年に出した支那語の進化と題する書の文中に「支那語は語のならべ方が全く古代のまゝであって，其語も成立が單音節である。」

また，人名も，現代言語学ではアウグスト・シュライヒャーという表記が一般的であるが，当時は，シライヘルという名が用いられていたことが分かる。

なお，藤岡言語学の後継者について，ここでまとめておきたい。自らの退任

の後に，藤岡は，朝鮮語学の小倉進平を後継者としたが，他に，藤岡の多彩な研究テーマの後継者として次のような研究者を挙げることができる。まず，アルタイ学については，藤岡の推薦を受け，当時副手として，その実力が高く評価された後の東京大学教授服部四郎である。しかし，先述したように，服部は藤岡のローマ字化運動については，ほとんどその理論と実践を把握していなかった。一方，国語国字問題，ローマ字化運動については，中国語学の後藤朝太郎，そして，「ローマ字ひろめ会」の実質上の藤岡の継承者で，音声学の理論的側面を受け継いだ直弟子の東京高等師範学校教授神保格を挙げることができる。また，小林英夫も在学中，藤岡勝二が担当した科目を受講しており，フェルディナン・ド・ソシュールの翻訳を手がけたのも，藤岡が傾倒した研究者の一人ホイットニーの言語思想にソシュールが影響をうけたこととも関係しているであろう。さらに，サンスクリット学の東京大学教授辻直四郎（1899 - 1979）は，藤岡の教えをうけた言語学科出身者であり，『藤岡博士功績記念言語學論文集』にも，トカラ語に関する論文を英文で寄稿しており，後に高楠順次郎の梵語学講座を継承している。そして，東南アジア諸語の研究者と知られた南山大学教授浅井恵倫（1894 - 1969）は，研究テーマ自体は，小川尚義の後継者といえるが，熱心なエスペランチストでもあった。ポリネシア語を研究対象にした東京帝国大学の卒業論文を全文エスペラント語で書きながら，論文を受理してもらえたのは，指導教官の藤岡勝二自身が，エスペラント語に精通していたからである。また，ギリシャ，ラテン諸語に関する高弟については，後の京都帝国大学教授の田中秀央を挙げることができる。

　明治38（1905）年に，藤岡勝二は，上田萬年から東京帝国大学の言語学講座を継承した後，実に30年近くにわたって，次世代の研究者の育成に尽力したのであった。上述したのは，その一部であり，彼の言語思想は，後進の言語学徒へと確実に引き継がれていったのである。

8.2　藤岡勝二のローマ字観

　第2章でも述べたが，藤岡勝二は東京帝国大学文科大学言語学科主任教授として，専門の言語学を講じると同時に，ローマ字化国語国字問題に精力的に取

り組んでいた。藤岡は，なぜかくもローマ字化にこだわったのか。この辺りの事情は，服部や直接ローマ字化運動に携わっていない弟子たちからは，ほとんど語られていないが，当時としては，ローマ字化運動は，国家的規模の大きな問題であった。上田萬年の「国語は帝室の藩屏なり。国語は国民の慈母なり」という象徴的な言葉にみられるように，国語とは，帝を中心とした国家主義的家族愛に基づき，国民，国家との紐帯となりながら，国語ナショナリズムという思想を形成していく用語であった。藤岡自身も，決してこの頃の時代の気風と無縁ではなかったのである。否，国語国字問題に関していえば，上田よりも急進的な国家主義的理論を提唱して，実践的な活動を進めていたといえよう。

　先述したように，今では，ほとんど知られていないが，当時の東京帝国大学において，上田の影響を受けた京都帝国大学文科大学教授新村出，サンスクリット学の東京帝国大学文科大学教授高楠順次郎も熱心なローマ字論者であった。

　この辺りの経緯について，藤岡勝二と「ローマ字ひろめ会」との関係を中心にしてみていきたい。

8.2.1　藤岡勝二と「ローマ字ひろめ会」

　明治38（1905）年に，ローマ字論者が大同団結して，「ローマ字ひろめ会」が結成される。藤岡の文字に対する大きな転換期を挙げるとすれば，この時期を境に考えることができるだろう。

　ここでは，特に，その全貌が解明されていない「ローマ字ひろめ会」の機関誌『RÔMAJI』を中心に検討し，藤岡勝二が，当時のローマ字化運動において，どのような位置にいたのか考察したい。

　なお，「ローマ字ひろめ会」が結成されたときには，ヘボン式，さらに，これを若干改良した標準式ローマ字表記法の活動の方がはるかに優勢であった。

　一方，日本式ローマ字表記法は，考案者の田中舘愛橘と『ローマ字文の研究』で知られた弟子の田丸卓郎（1872-1932）の尽力もあり，結成当初は拮抗状態であったが，「ローマ字ひろめ会」の基本方針が，標準式に決定した段階で，日本式を支持する派とは，袂を分かつことになった。以降，「ローマ字ひろめ会」には，政府の要人，著名な学者，マスメディアの重鎮たちが要職につき，支持する数はますます増える一方であった。

しかし，昭和12（1937）年に，内閣訓令により，突然，「訓令式ローマ字」が正式な表記法として決定されることになる。この間の経緯については，『臨時ローマ字調査会議事録』が残されており，ある程度の状況を知ることができるが，その全容については，いまだ詳らかにされていない。当時の政府は，両者の意見を取り入れながら，折衷式な文字を採用したと述べているが，多少の違いはあるものの，明らかに，日本式ローマ字の意見が採用されていると言わざるを得ない。「ローマ字ひろめ会」は，医学博士櫻根孝之進（1870-1950）を中心とする「帝國ローマ字クラブ」で活発なローマ字化運動を行い，大阪市北区北浜にローマ字会館が創立されている。また，各地に支部が設置され，大阪，広島，京都などの代表支部では，様々なローマ字化運動が展開されている。この頃，京都では，六波羅の小学校において，本格的なローマ字教育が行なわれている。

また，機関誌『RÔMAJI』は会の結成以来，毎月刊行されており，途中からは，元老西園寺公望（1849-1940）が会頭に就任している。藤岡勝二は，明治38（1905）年の結成当初から，この会に参加しており，『羅馬字手引』は，「ローマ字ひろめ会」のバイブルのような存在であり，昭和10（1935）年に逝去するまで，一貫してヘボン式ローマ字を支持していた。理論と実践の両面にわたって，当時の会の精神的支柱のような存在であったといえる。

しかしながら，藤岡が昭和10（1935）年に逝去した後，当時の政府は，「訓令式ローマ字」を正式な文字としたために，一気に形勢は，「訓令式ローマ字」と酷似した日本式ローマ字支持者に有利になっていく。当然，当時の会の重要人物たちが，この決定事項に際し，様々な手段を講じて，時の政府に異論を提出したが，決定が覆ることはなかった。皮肉なことに，決定当初の内閣総理大臣は広田弘毅（1878-1948）であったが，「ローマ字ひろめ会」がこの答申に対して，正式に反対意見を陳情した時には，当時の「ローマ字ひろめ会」の会頭近衛文麿（1891-1945）が総理大臣に就任していた。訓令式ローマ字の決定の経緯については，多角的な観点から綿密に調査する必要があるものの，筆者自身は，その一因として，政府公認のローマ字が決定する2年前に，当時の国字決定権に際して，最も影響力のあった藤岡勝二が逝去したことが関係していると考えている。このような推察は，記述言語学にとっては瑣末な事項であ

るが，社会言語学の範疇に含まれる言語政策的観点からは，きわめて重要な事項といえる．東京帝国大学言語学科主任教授であり，会の理論的な支柱であった彼の発言がなかったことが，ヘボン式，そしてこれを発展させた標準式が採用されなかった主因とみなすことができるのである．

8.2.2 「ローマ字ひろめ会」の活動

　ここでは，「ローマ字ひろめ会」が結成された後，当時の政府と国語国字問題をめぐって様々な事項が決定され，最も勢いを増した明治38（1905）年から昭和2（1927）年までを中心にして，「ローマ字ひろめ会」の活動をみていきたい．

　本格的な「ローマ字ひろめ会」の会議は，結成から2年を経た明治40（1907）年1月8日に，第1回綴り方研究会をその嚆矢と考えてよいであろう．この折には，委員として，藤岡勝二，高楠順次郎，上田萬年，田中舘愛橘が参加している．会議では上田萬年委員長の下，ローマ字の呼び方ならびに綴り方について様々な材料を集める必要性があることが求められ，その材料を集める重要な役割を藤岡勝二が担当することが決定している．

　さらに，「ローマ字ひろめ会」は，様々なローマ字化運動を積極的に推し進め，明治45（1912）年7月5日に，神田青年会館において，国語国字問題における大演説会を開くことになる．この際，藤岡勝二は，ドイツ語学の向軍治（1865－1943），児童文学作家巌谷小波（1870－1933）とともに，ヘボン式ローマ字採用論を強硬に主張する．ここにおいて，日本式とヘボン式支持者との対立が決定的なものとなり，日本式ローマ字表記法を支持する田中舘愛橘とその弟子田丸卓郎は，本会から離脱して，「日本ローマ字会」を結成する．明治以降，ひらがな，カタカナ，ローマ字，新国字論といった案が提出されたが，当時の時局は，ローマ字，とりわけ，ヘボン式ローマ字を採用しようとする案が圧倒的に優勢であったのである．ただし，後に「ローマ字ひろめ会」は，機関誌『RÔMAJI』において，表記法の正当性を主張するために，ヘボン式を改め，若干の修正を加えた標準式という名称を採用するようになっている．

　昭和5（1930）年1月8日には，名目は私的な会ではあったが，文部省の官邸において，国語国字問題に関する会合が開催される．この時の出席者は，藤

岡勝二，嘉納治五郎，上田萬年，鎌田栄吉（1857-1934）などのローマ字会の主要メンバーと日本式ローマ字を支持する田中舘愛橘であった。そして，文部省役人を含めて今後の国語国字問題が話し合われたのであるが，田中舘だけが，強く日本式を主張したに過ぎず，ヘボン式ローマ字主義派と妥協点を見出すことはできなかった。東京帝国大学教授の上田萬年と藤岡勝二，後に文部大臣を歴任する慶應義塾大学塾長鎌田栄吉，日本人初のIOC委員の東京高等師範学校校長嘉納治五郎が属した「ローマ字ひろめ会」は，まさに当時の国語国字運動の中心的存在であったことは間違いない。

一方，田中舘愛橘，田丸卓郎などの日本式ローマ字表記法を支持する人物には，東京帝国大学の物理学を専門とする理系の学者たちがいたのである。

その後，会頭が，西園寺公望から，鎌田栄吉に交代したことは，『RÔMAJI』（第22巻第7号　昭和2年7月発行）において，会頭西園寺公望が新会頭の鎌田栄吉に送った電報によって知ることができる。ここでは，西園寺公望が鎌田栄吉に送った「前の会頭西園寺公爵より鎌田会頭へご挨拶の電報」が掲載されている。

以下に，その本文を掲げておくことにする。[81]

Mae no kaitô, Saionji Kôshaku yori
Kamada Kaitô e Goaisatsu no Dempô

　Goteineinaru kisho o tamawari, kansha no itari. Onkai kaiin shokun emo yoroshiku godengon o kou.

　6 gatsu 20 ka,

Saionji Kimmochi

しかしながら，西園寺公望が「ローマ字ひろめ会」の会頭であったことなどは，西園寺に関わる数多くの著書，例えば，比較的最近に刊行された『西園寺公望』(2003)の中にも，一切明記されていない。華族を会頭に奉るのは，よくあることであるが，戦中，否，現在においても，ローマ字化運動に携わった

---

81) 本文は，『RÔMAJI』第22巻第7号（昭和2年7月1日発行）p.74より引用した。

ことが，負のイメージを担っているのは，確かな事実であろう。西園寺は，明治38（1905）年に「ローマ字ひろめ会」が大同団結し，同年10月に会頭に就任した後，実に，20年あまりも会頭職に就いていたのである。

ここでは，少し長くなるが，きわめて重要な事項であるため，昭和2（1927）年11月の時点における「ローマ字ひろめ会」の委員と役職名をすべて掲げることにした。[82]

なお，藤岡勝二の箇所は，筆者が，後から下線を施した。藤岡も文学博士という肩書にしているが，括弧内は，雑誌に記載された肩書であり，記載がない場合，何らかの事情があり，著名な人物であっても現職を記すことが憚られた可能性が考えられる。

なお，巌谷季雄とは，言文一致運動と児童文学作家で知られた巌谷小波のことであり，ここでは，本名のみ明記して肩書は明らかにしていない。

　　　ローマ字ひろめ会役員
　　　会頭　　鎌田栄吉　　　　（前文部大臣　貴族院議員）
　　　副会長　欠員
　　　顧問　　　　　（ABC順）
　　　嘉納治五郎　　（貴族院議員）
　　　近衛文麿　　　（公爵）
　　　新渡戸稲造　　（農法学博士）
　　　阪谷芳郎　　　（法学博士男爵）
　　　櫻井錠二　　　（理学博士）
　　　澤柳政太郎　　（文学博士）
　　　高田早苗　　　（法学博士）
　　　上田萬年　　　（文学博士）
　　　評議員
　　　麻生正蔵　　　（日本女子大学校長）
　　　鳩山一郎　　　（内閣書記官長）
　　　服部金太郎　　（貴族院議員）

82）本文の「ローマ字ひろめ会」の委員と役職名は，『RÔMAJI』第22巻第11号（昭和2年11月1日発行）から掲出。本文では，「ローマ字ひろめ會役員」，「標準式ローマ字の圖書目録（Ⅰ）」，「標準式ローマ字の圖書目録（Ⅱ）」，「MIDASHI」と続いている。

藤井利与　　　　（東京市学務局長）
林田亀太郎　　　（衆議院議員）
穂積重遠　　　　（法学博士男爵）
磯辺弥一郎　　　（国民英学学長）
巌谷季雄
神保格　　　　　（東京高師教授）
門野重九郎　　　（大倉組副頭取）
小山完吾　　　　（東京時事新報社長）
黒澤貞次郎
来馬琢道
松本君平　　　　（海軍参与官）
松島剛
丸山通一　　　　（一高教授）
増田義一　　　　（実業之日本社長）
三土忠造　　　　（大蔵大臣）
森村開作　　　　（男爵）
本山彦一　　　　（大阪毎日新聞社長）
正木義太　　　　（海軍中将）
村山龍平　　　　（大阪朝日新聞社長）
武藤山治　　　　（衆議院議員）
永井柳太郎　　　（衆議院議員）
長尾半平
中川小十郎　　　（貴族院議員）
中島信虎　　　　（東京高師教授）
成瀬隆蔵
荻野仲三郎　　　（東京女高師教授）
岡田良平　　　　（前文部大臣）
大橋新太郎　　　（貴族院議員）
太田正孝　　　　（経済学博士）
佐藤三吉　　　　（医学博士）
下田次郎　　　　（文学博士）
新村出　　　　　（文学博士）
白鳥庫吉　　　　（文学博士）
正力松太郎　　　（読売新聞社長）
鈴木米次郎　　　（東洋音楽学校長）

田川大吉郎	（衆議院議員）
高楠順次郎	（文学博士）
田中正平	（理学博士）
谷本富	（文学博士）
徳富猪一郎	（国民新聞社長）
辻高衛	（東京外語教授）
土屋正直	（子爵）
浮田和民	（法学博士）
渡辺千冬	（子爵）
渡部菫之介	
頭本元貞	

名誉評議員

安藤和風　向軍治　山本有成（ドクトル）

常務評議員

藤岡勝二	（文学博士）
福岡秀猪	（子爵）
後藤牧太	（東京高師名誉教授）
村川堅固	（文学博士）
櫻根孝之進	（医学博士）
山口鋭之助	（理学博士）

会計幹事

前田武四郎

理事

伊藤長七　加茂正一　川副佳一郎　日下部重太郎
間宮不二雄　水野盈太郎　高鳥直一　奥中孝三

　上記の名前や肩書きをみれば分かるように，貴族や当時の政財界やジャーナリズム界のトップクラスのメンバーが揃っている．括弧内では文学博士という学位しか記されていない場合があるが，これは，大学との関わりを配慮したことが考えられる．藤岡勝二をはじめ，先述した上田萬年，言語学，エスペラント語にも精通していたサンスクリット学の高楠順次郎は，いずれも，当時は，現職の東京帝国大学文科大学教授であった．また，言語学，国語学が専門の京

都帝国大学文科大学教授の新村出も文学博士として名を連ねている。なお，言論界では，国語調査委員会委員を務めた徳富猪一郎，筆名徳富蘇峰も評議員として，ヘボン式ローマ字の普及に賛同している。

　ここで，特筆すべき点は，藤岡勝二が，創立以来の会員でありながら，常務評議員という立場で，会の運営に携わっていることである。これは，他の常務評議員である東京高等師範学校名誉教授の後藤牧太（1853-1930），実質上，現在の大阪大学医学部皮膚科研究室の礎を築き，夏目漱石の『二百十日』のローマ字訳を直接漱石に依頼した医学博士櫻根孝之進，理学博士山口鋭之助（1862-1945）などが，「ローマ字ひろめ会」でもきわめて重要な役割を果していることから，会の運営上実質的に行動しやすい地位に落ち着いた可能性が考えられる。

　また，「ローマ字ひろめ会」の機関誌『RÔMAJI』を調査していく上で，二つの重要な点を知ることができた。一つは，文豪夏目漱石が自らの小説『二百十日』のローマ字化を認めていたことである。漱石の研究家からは，この辺りの経緯に関する事実については一切語られたことがないため，この点についても重要な事項といえよう。なお，「ローマ字ひろめ会」の会員鳥谷部陽太郎が，「櫻根博士と『二百十日』」という題で次のような内容のことを記し，夏目漱石が医学博士櫻根孝之進の尽力により，ローマ字化された小説の出版を認めたことを窺うことができる[83]。

　なお，本号は，医学博士櫻根孝之進の「ローマ字ひろめ会」での功績と古希を祝うために編まれており，タイトルには「櫻根博士古希記念號」と題されている。また，保科孝一も，「櫻根先生を敬慕して」というタイトルで，櫻根のローマ字普及の業績を讃えた文を寄稿している。

　　　　櫻根博士と『二百十日』

　　　　　　　　　　　　　　　　　　　　　鳥谷部　陽太郎

　　櫻根博士に就ては直ぐ私は夏目漱石先生を思ひ出します。
　　ローマ字書き『二百十日』の件で私が漱石先生をお訪ねする

---

83) 本文は，『RÔMAJI』第34巻第10号（昭和14年10月1日発行）pp.20-21より引用した。

と，漱石先生は實は櫻根博士からもお手紙を頂いてゐるがといつて，ひどく博士のゆきとゞいた無駄のない文章に感心させられたらしく，頻りとそれを申してゐました。文章で漱石先生にほめられた人は餘り多くなからうと思ひますが。

博士の業績に就ては私などの申上げるまでもありませんでせう。唯私は博士の思ひやりの深いゆきとゞいた圓滿な常識に尊敬の念を禁じ得ぬ者です。

博士の萬歳を祈ります。

この漱石の『二百十日』の小説は，『RÔMAJI』でも大きく宣伝されている。例えば，大正15（1926）年3月1日発行の『RÔMAJI』第21巻第3号では，次のような記述がみられる。

夏目漱石『二百十日』 ローマ字書き
　漱石先生の軽快洒脱の文章は，たしかに明治大正に於ける我が文壇の一異彩であった。殊に其の『二百十日』は傑作中の傑作として，数カ国語の国語に訳され，世界的に名声を博したものである。漱石先生の軽快なユーモアはローマ字書きとなって，一層其の妙味を加えた感がある。敢えて世の一読をお勧めする。文友堂出版

また，時枝文法で知られた東京帝国大学教授時枝誠記（1900-1967）の父時枝誠之が国語国字問題に対して関心を抱き，本格的な著書を著わしていたことも，次に掲げる『RÔMAJI』（第22巻第10号）で知ることができる。時枝誠記の思想形成に誠之がどのように関わっていたのか，時枝誠記の研究者にとって，ぜひとも解明すべき問題である。また，英語学が専門でありながら，文法学にも造詣の深い宮田幸一が，岡倉由三郎編集の『言語問題』第5号に，「ローマ字綴り方折衷案」を寄稿していたことも，『RÔMAJI』（第30巻第10号）で窺うことができる。2009（平成21）年に，宮田幸一の『日本語文法の輪郭』が，鈴木重幸，仁田義雄の解題によって，復刊されており，今後は再び，宮田幸一に関する研究が進むものと期待できる。

時枝誠之（序）鳥谷部陽太郎『国語国字の将来―現代百名士の我國語國字観』
時枝誠之『国語国字進化論』（近刊予告）三土社
宮田幸一「ローマ字綴り方折衷案」岡倉由三郎編集『言語問題』第5号 言語問題談話会

　また，大正15（1926）年7月1日発行の『RÔMAJI』第21巻第7号では，今度は，鳥谷部陽太郎の『愛を歌ふ』という著書の序文を時枝誠之が寄稿し，生長の家の創始者谷口雅春（1893-1985），浄土真宗の普及に尽力し，龍谷大学教授，富山大学学長を歴任した梅原真隆（1865-1968）も，同様に序文を書いていることを知ることができる。

　上記のような状況を鑑みると，言語，文字，国家，宗教との紐帯を意識せざるを得ないのである。当時の言語ナショナリズムにおけるローマ字の位置づけについては，今後も検討していかなければならない重要な事項といえよう。

8.2.3 『RÔMAJI』に寄稿した言語学者と国語学者

　前述したように，昭和2（1927）年の段階の「ローマ字ひろめ会」は，華族，政府の要人，著名な学者，マスメディアの重鎮たちが要職につき，当時の政局にも大変影響力のある会であったことが分かる。『RÔMAJI』は，「ローマ字ひろめ会」が結成以来，毎月刊行されており，数多くの著名な学者たちが，この雑誌に寄稿している。なお，この「ローマ字ひろめ会」に寄稿した著名な言語学者，国語学者には，次のような人物がいる。

　下記に，『RÔMAJI』に寄稿した著者と主な巻号を明記しておく。

　　○岡倉由三郎　高等師範学校教授　立教大学教授
　　　「標準式を改むる理由なし」（第31巻第8号）
　　　　　　　　　　　　　　　　　昭和11（1934）年8月1日発行
　　○金澤庄三郎　國学院大学教授
　　　「50音図にとらわれるな」（第27巻第9号）
　　　　　　　　　　　　　　　　　昭和7（1932）年9月1日発行
　　○日下部重太郎　東京高等師範学校教授　「ローマ字ひろめ会」理事

「ローマ字問題のため」（第31巻第10号）

昭和11（1936）年10月1日発行

○後藤朝太郎　日本大学教授
「支那の兵隊」（第27巻第6号）　　昭和7（1932）年6月1日発行

○小林英夫　京城帝国大学教授　早稲田大学教授
「Zya,Dyaは不可」（第29巻第9号）　昭和9（1934）年9月1日発行

○佐久間鼎　九州帝国大学教授
「ローマ字綴方批判」（第29巻第9号）昭和9（1934）年9月1日発行

○新村出　京都帝国大学教授　「ローマ字ひろめ会」評議員
「キセルの語源」（第22巻第7号）　　昭和2（1927）年7月1日発行
「標準式の採用は社会的影響少なし」（第31巻第8号）

昭和11（1936）年8月1日発行

○神保格　東京高等師範学校教授
「ハ行のフはhであるか，fであるか？」（第29巻第7号）

昭和9（1934）年7月1日発行

「訓令式ローマ字綴方批判」（第31巻第8号）

昭和11（1936）年8月1日発行

○高谷信一　京都帝国大学教授
「古代英語とラティン語（Ⅱ）」（第21巻第7号）

大正15（1926）年7月1日発行

○保科孝一　東京帝国大学助教授　東京文理科大学教授
「R運動に大きな力添え」（第21巻第8号）

大正15（1926）年8月1日発行

「ローマ字綴の論争」（第22巻第6号）昭和2（1927）年6月1日発行
「漢語の整理事業について」（第22巻第8-9号）〔合併号〕

昭和2（1927）年9月1日発行

○グスタフ・ラムステッド（G.j.Ramstedt）
アルタイ語学者　フィンランド初代公使　エスペランチスト
Altai-gozoku toshite no Manshû-go　「アルタイ語族としての満州語」
（全文ローマ字）（第27巻第6号）　　昭和7（1932）年6月1日発行

この中で，藤岡と関わりをもつ何人かのローマ字化運動の理論と実践を行

なった人物を取り上げてみたい。既述したように，藤岡がその才を認めた直弟子の服部四郎でさえ，藤岡のローマ字化運動の詳細についてほとんど知らなかった。しかしながら，藤岡がドイツ留学から帰朝した際の，弟子の中には，藤岡のローマ字化運動に共鳴した門下生がいたのである。

　先述したように，藤岡が帰朝した後，東京帝国大学文科大学言語学科の講師に就任した頃には，アイヌ語の金田一京助と中国語学の後藤朝太郎がいた。後藤は，後に，「ローマ字ひろめ会」にも積極的に参加しており，藤岡のローマ字化運動の後継者の一人とみなすことができる。一方，当時，全くローマ字化運動に関心を抱かなかった金田一京助とは対照的であり，このような点が，金田一と藤岡との思想上の確執を生み出したのかもしれない。

　一方，後藤の一級下には，音声学者の神保格がいた。「ローマ字ひろめ会」の機関誌『RÔMAJI』にも寄稿し，藤岡勝二の音声学の理論と実践の最も忠実な後継者といえよう。ちなみに，『言語學雜誌』において，いちはやくアイヌ語の論文を寄稿した神保小虎（1867-1924）は実兄にあたる。当時，神保格は，東京文理科大学教授を務めており，著名な音声学者として知られていた。著書としては，『言語理論』（1961）等の論者も有しており，藤岡の門下生の中で，音声学の理論を継承するとともに，藤岡ほどの積極的な国語国字問題の活動はみられなかったが，ローマ字化国字運動のよき理解者であったといえよう。藤岡が逝去した後も，「ローマ字ひろめ会」の機関誌『RÔMAJI』において，精力的に自らの学説を論じており，藤岡のローマ字化理論の実践を最も受け継いだ学者と考えられる。

　また，ソシュールの翻訳者として知られる小林英夫も，昭和元（1925）年に東京帝国大学を卒業しており，藤岡の直弟子である。ただし，「ローマ字ひろめ会」の機関誌『RÔMAJI』に持論を述べているものの，日本式に賛同しており，この点では思想上の違いがみられる。

　最後に，近代の「国語」の成立をともに支えた保科孝一について述べておきたい。保科は，藤岡と同年でありながら，彼が逝去した後も，20年間，国語に関する事項に携わることになる。国語調査委員会補助委員を務め，『國語教育』を創刊，戦前，戦後の国語教育の中心的存在であった。改良かな文字論者岡田正美とは考え方が異なり，ローマ字化に関しては，藤岡ほど急進的ではないが，

かなりの理解を示していたと考えられる。

　なお，上掲書の「R運動に大きな力添え」は，医学博士櫻根孝之進の尽力によって，大阪市東区北浜四丁目に帝国ローマ字クラブの会館が完成したときに，全文ローマ字で寄稿した論文である。ただし，「ローマ字ひろめ会」の機関誌『RÔMAJI』に数多くの論文を寄稿しながら，「ローマ字ひろめ会」顧問の上田萬年，評議員の新村出，高楠順次郎とは異なり，要職に就くことは一切なかった。

　また，彼の根本思想であるが，上記の第22巻第8－9号（合併号）において，「臨時国語調査会」についても触れており，将来的には，仮名かローマ字を専用とする場合に，漢語の整理をそれに先だってすることが肝要であることを指摘している。先述したように，後に『國語教育』を創刊するのであるが，この雑誌には，理事の川副佳一郎等，「ローマ字ひろめ会」の関係者たちも，自らの論文を寄稿しており，国語教育とローマ字化運動の両面に亘って多大なる影響力をもっていたと考えられる。

　では，この会での藤岡勝二の役割はどのようなものであったのだろうか。既述したように，「ローマ字ひろめ会」での藤岡勝二の役職は，一常務評議員に過ぎなかったが，実質上，ローマ字化運動の黎明期を支えたのは，常務評議員のメンバーたちであり，その中心的人物であったのが藤岡勝二といえるのである。

　昭和5（1930）年7月8日には，勅令第二百二十二号をもって，臨時ローマ字調査会官制が発布され，文部大臣監督の下，「国語ノローマ字綴リ方ニ関スル事項ヲ調査ス」という会議が開かれる。この時の主要メンバーには，日本式支持者に，田中舘愛橘，田丸卓郎のほか，国語学者の菊沢季生（1900－1985）が参加している。理系の学者が多い中，専門的な国語音韻論に精通していた菊沢が日本式を支持したのは，日本式ローマ字表記法の理論的正当性を論証するのに大変都合がよかったと考えられる。

8.3 「ローマ字ひろめ会」における藤岡勝二の役割

8.3.1 『RÔMAJI』にみられる特記事項

　藤岡勝二が,「ローマ字ひろめ会」において, いかに重要な役割を果していたかは, 彼の追悼号やその後の『RÔMAJI』に記された内容からも窺うことができる。

　例えば,『RÔMAJI』には「SHIRASE」として, いろいろな報告事項が明記されることがあるが, 以下のような記述がされている。[84]

SHIRASE

　<u>Fujioka Uji no Gokekkon</u>　Moto no Honkai Jômu-hyôgiin Fujioka Katsuji Hakushi Goreisoku Tadasu Uji wa saru 5 gatsu 29 nichi, Usui Hiroko（浩子）sama to medetaku Gokekkon nasaimashita.

　　Chinamini Hiroko sama wa Honkai Komon Ueda Kazutoshi Hakushi no goreisoku fujin no on'imôto sama no yoshi.

「藤岡氏のご結婚」といった私的な報告があることから考えても, 藤岡勝二がいかにこの会において重要な役割を果していた人物であったことが分かる。なお, この箇所から, 藤岡が,「国語」という概念を確立した師上田萬年と遠戚とはいえ, 姻戚関係を結ぼうとした意図があったことを窺うことができる。今日では, このような事情は, 個人情報として公にはされないが,「SHIRASE」には, このような未見の重要な情報が判明することがある。藤岡勝二の妻藤岡保子（1883-1966）は, 現代かな書の著名な書家として知られ, 徳川慶喜の実弟土屋挙直（1852-1892）の四女である。また,「ローマ字ひろめ会」の評議員土屋正直は, 土屋挙直の長男にあたり, このような面からも藤岡勝二の強い影響力を知ることができる。

---

84) 本文は,『RÔMAJI』第32巻第8号（昭和12年8月1日発行）p.13より引用した。

また、藤岡勝二の著作『羅馬字手引』（後に『ローマ字手引』に変更）が、「ローマ字ひろめ会」の教科書的な著書であったことは、次の藤岡勝二著『ローマ字手引』の紹介の記述から窺うことができる。[85]

> 品切になって居たので、購読者諸氏に御不自由をかけて居ました本書が出来上がりました。『今度の本には、以前より直した所が多い。最も目立つ点は、仮名遣の古い型をすっかり捨てたことである。斯うなれば愈〻ローマ字の書き方に合うから大いに学びよいと信じる……』。藤岡博士は本書の序文に斯う記して居られます。本書の内容に就いては、従来既に高評があります。
> 　東京帝国大学教授　文学博士　藤岡勝二著『ローマ字手引』

さらに、藤岡勝二の思想に影響を与えた人物として、教育者澤柳政太郎の存在があったことは、『RÔMAJI』第23巻第3号（昭和3年3月1日発行）からも窺うことができる。澤柳も、この雑誌に多くの論文を寄稿している。下記のローマ字文からわかるように、藤岡が、初めて澤柳と出会ったのは、宗教哲学者の清澤満之との交友があったからである。清澤は、真宗大谷派の僧侶であるが、該博な知識を有した教育者としても知られている。東京大学の哲学科を卒業して、大学院で宗教哲学を研究していたが、後に、京都府尋常中学校の校長を務めており、おそらくこの頃に藤岡と澤柳が出会ったと考えられる。澤柳は、清澤のことを偉人と称えていたが、藤岡自身は、清澤のことを精神世界と宗教界、澤柳を教育会の泰斗として高く評価していた。

また、同時代の著名な真宗大谷派の宗教家として、近角常観（1870-1941）を挙げることができる。近角は、1895（明治28）年に、東京帝国大学文科大学哲学科に入学し、井上哲次郎の門下生になるわけであるが、その前年には、「大日本仏教青年会」が結成されており、この中には、藤岡勝二と澤柳政太郎、そして、高楠順次郎等が活動を行っていたのである。

藤岡は、澤柳の死に対して、慟哭の叫びともいえるほどの哀しみをローマ字

---

85) 本文は、『RÔMAJI』第24巻第3号（昭和4年3月1日発行）より引用した。

で綴っている。「澤柳さん，澤柳さん！」という言葉に込められた心情は，やはりローマ字でしか表現できないのではないだろうか。かつて，石川啄木（1886 - 1912）や宮沢賢治（1896 - 1933）が自らの文をローマ字で綴ったように，単に時代的背景があっただけでは説明できない理由がそこにはあるような気がする。また，藤岡は，澤柳に対して「親しい父であり，伯父さまであった」と述べている。ここにおいても，藤岡の澤柳に対する強い敬慕の念を感じずにはいられないのである。

　なお，澤柳政太郎の経歴であるが，東京府第一中学校に進学しており，この折に上田萬年とも知遇を得ている。後に，澤柳は，東京帝国大学文科大学哲学科を卒業するのであるが，上田が文部省専門学務局長を務めている間，その下で普通専門学務局長として，上田の補佐をしたのが彼であった。後に，澤柳は，東北帝国大学初代総長，京都帝国大学総長も歴任することになるのである。[86]

Sawayanagi - San

Bungaku Hakushi　　Fujioka Katsuji

　　　Sawayanagi-San ni hajimete ome ni kakatta no wa Kiyozawa-Sensei no otaku de de atta.

… 〈中略〉 …

　　Sawayanagi-San, Sawayanagi-San! Kore wa watakushi ga tuneni yobinareta yobikata de aru. Shitashii chichi de atta, ojisama de atta.

8.3.2　訓令式ローマ字が採用された理由

　上述したように，「ローマ字ひろめ会」が結成され，日本式ローマ字表記法の支持者が脱会した後は，ヘボン式（標準式）表記法の支持者の活動の方が，はるかに優勢になった。しかしながら，ここで特筆したい事項は，藤岡勝二が昭和10（1935）年に逝去した後，昭和12（1937）年9月21日附内閣訓令第三号において，「訓令式ローマ字」が，正式なローマ字表記として決定されたこと

---

[86] 本文は，『RÔMAJI』第33巻第3号（昭和3年3月1日発行）p.3より引用した。

8.3 「ローマ字ひろめ会」における藤岡勝二の役割　151

である。政府は，折衷主義的な案を考慮しながら，正当な見解を呈したと発表したが，この案が，日本式ローマ字表記法に基づいていることは一目瞭然である。既述したように，この間の経緯については，『臨時ローマ字調査會議事錄』を参考にすれば，ある程度の経緯を把握できるが，最終的に訓令式ローマ字表記法に決定された真意は，この資料だけでは釈然としない。筆者は，今後，訓令式ローマ字採用の経緯の理由を解明するためには，言語政策学的観点からのアプローチが必要になると考えている。

　ここでは，まず表記上の問題点について，言語学的観点，すなわち音声学的観点から考察してみたい。下記に，一例として，サ行のローマ字表記とタ行のローマ字表記を挙げてみた。同時に，言語学者服部四郎（1990）も「新日本式つづり方」という表記を考案しており，三つの表記法を音声学的観点から検討した。

　　　サ行のローマ字表記法
　　　sa shi su se so 「標準式ローマ字表記法」
　　　sa si su se so 「日本式ローマ字表記法」

　　　タ行のローマ字表記法
　　　ta chi tsu te to 「標準式ローマ字表記法」
　　　ta ti tu te to 「日本式ローマ字表記法」

　日本式ローマ字表記法は，一見すると体系的であるが，実際の音声とかなり隔絶した文字となっており，標準式のほうが，はるかに実際の音声を反映していることが分かる。また，服部が提案した「新日本式つづり方」であるが，タ行音にta, ci, cu, te, toという表記を用いている点で特徴的であるといえる。音声学的観点からみれば，破裂音（plosive）と破擦音（affricate）との対立が明確になっており，言語学上，最も理に適った表記法といえるが，実用化されることはなかった。やはり，この折の訓令式ローマ字の決定については，音声と文字との関係といった言語学上の問題として捉えるのではなく，むしろ言語政策学的観点から精緻なアプローチを試みることが必要となると考えられる。藤岡勝二が逝去した後も音声学者神保格の他には，標準式表記法の正当性を，

音声学的見地から，専門的に説明できる委員がほとんどいなかったことも，不採用の原因になったのかもしれない。本来，文字と言語との関係は，上記のような言語学的観点から議論すべきかもしれないが，当時の状況を真に理解するためには，決して言語学上の問題に留まらず，言語政策的な面からも検討しなければならない好個の例といえよう。

なお，藤岡勝二が政府公認のローマ字採用の解決に関して，どれほどの決定権を有していたかについては，次の鉄道駅名に関する「ローマ字ひろめ会」の活動からも窺うことができる。鉄道駅名の使用に関しては，日本式ローマ字表記の採用が考慮されたとき，「ローマ字ひろめ会」の主要メンバーが連盟で，鉄道大臣井上匡四郎に対して，建白書を提出している。この時には，藤岡が中心となり，会頭の元老西園寺公望とともに建白書を提出し，標準式表記法の有用性を強く主張している。そして，その後，昭和3（1928）年7月2日，当時の鉄道省は，鉄道掲示例規でローマ字つづり方をヘボン式（標準式）にすると通達することになる。

下記において，鉄道駅名のローマ字綴り方に関する建白書とともに，次のような名前と文言が記されていたことを示すことにする。[87]

鐵道驛名のローマ字綴り方に關する

建白書

謹んで鐵道驛名のローマ字綴り方に付建白仕ります。從來鐵道驛名に使用されて居るローマ字綴りは，別紙理由書に陳述致します通り，本邦の内外を通じて久しく廣く行はれて居る所の綴り方で，實用的であり且つ學理的なものでございます。近來異式の綴り方を唱へる者がありますけれども，從來の通りで別に變更を加へる必要がございませぬ。若しも從來のローマ字綴りを變更される様な事があつては，内外人共に多大の不利迷惑を蒙るに至るのでございます。右の次第でございますから，鐵道驛名のローマ字綴り方は從來の通り御存續

---

87) 本文は，『RÔMAJI』第22巻第3号（昭和2年3月20日発行）p.2 より引用した。

になりますやう謹んで建白仕ります。
大正十五年十二月五日
　　　　　　　ローマ字ひろめ會常務評議委員
　　　　　　　　　　　　　　　　　　　藤岡勝二
　　　　　　　　　　　　　　　　　　　福岡秀猪
　　　　　　　　　　　　　　　　　　　後藤牧太
　　　　　　　　　　　　　　　　　　櫻根孝之進
　　　　　　　　　　　　　　　　　　　山口鋭之助
　　　　　ローマ字ひろめ會會頭
　　　　　　　　　　　　　　　　　　　西園寺公望

　鐵道大臣子爵　井上匡四郎　閣下
（附記，副會頭鎌田榮吉氏は南洋旅行中に付連署が出來ませんでした）

　ここで特筆すべき点は，藤岡勝二を中心にして，重要な決議に名を連ねているメンバー（福岡秀猪，後藤牧太，櫻根孝之進，山口鋭之助）は全て，会頭の西園寺公望を除き，「ローマ字ひろめ会」の常務評議委員を務めていることである。このような事実に鑑みると，実質的な「ローマ字ひろめ会」の活動は，この常務評議員が行っていたことを窺うことができるのである。なお，各委員の「ローマ字ひろめ会」で公にしている職名であるが，後藤牧太（東京高等師範学校名誉教授），櫻根孝之進（医学博士），山口鋭之助（理学博士）である。

　以上の例から分かるように，当時，訓令式ローマ字が採用された背景には，国語国字問題において重要な役割を果してきた藤岡勝二が，政府の国字基本方針を決定する会議に出席できなかったことが原因となったと考えられるのである。明治38（1905）年に「ローマ字ひろめ会」が結成された後，藤岡は，東京帝国大学言語学科教授として，後進の育成をしながら，ローマ字化運動の理論と実践に尽力しており，当時の政府との交渉等の実務的手腕も発揮していた。彼が，昭和10（1935）年に逝去した後，会には，学界，ジャーナリズムなどの重鎮が残っていたものの，言語理論と実践において，政府の要人と対峙できうる存在がいなくなったことも，訓令式ローマ字が採用された一因となったので

はないだろうか。

　上記の問題を通して，文字論，とりわけ国語国字問題を考えるためには，時として，言語学上の問題に留まることなく，言語政策学的アプローチも必要となることを忘れてはならないことに気づくことができるのである。[88]

---

88) なお，本章は，拙著（2011）の『滋賀短期大学研究紀要』第36号「藤岡勝二とローマ字ひろめ会―言語政策学的観点からみた機関誌『RÔMAJI』の資料的価値について―」に加筆，修正を施したことを付記しておきたい。

おわりに

　上述したように，上田萬年は，バジル・ホール・チェンバレンが確立した「博言学」を，「言語学」という独自の学問分野として築きあげようとしたが，最新の言語学の理論を学んだにも拘わらず，比較言語学の手法を用いた日本語系統論の研究業績を残すことはなかった。実際に，上田の言語理論を具現化したのは，藤岡勝二であり，明治41（1908）年に，当時としては，斬新な類型論的観点からのアプローチによって，日本語とウラル語族，アルタイ諸語の共通性を唱えている。藤岡の研究テーマはきわめて幅広く，日本語系統論，一般言語学，アルタイ諸語の文献学的研究，仏教学，辞書学，日本語教育学，など実に多岐にわたっているが，現時点において，藤岡勝二の言語思想だけに焦点を絞った本格的な著書は刊行されていない。

　本論では，特に，近代「国語」の成立において，藤岡勝二がどのような役割を果したのか，というテーマに焦点を置き，詳細な検討と考察を試みた。筆者は，小学校令の施行規則として，従来の「読書」，「作文」，「習字」という科目が統一され，「国語」という教科目が正式に認められた明治33（1900）年を，近代の「国語」にとってのメルクマールとして位置づけている。

　この年に，官制としての国語調査委員会以前に存在した国語調査会が創設される。ここで，特筆しておきたいことは，藤岡勝二が，これより以前に，保科孝一，岡田正美とともに，国語に関する事項取調の任を託されていることである。国語調査委員会の方針は，漢字廃止論を前提にしており，仮名とローマ字の得失を調査することにあったが，藤岡は，一貫として，ローマ字化を唱えており，ヘボン式（標準式）ローマ字に関する理論と実践面で活躍することになる。なお，国語調査委員会の議事録は現存してはいないが，様々な資料を駆使

することによって，ある程度，本調査委員会の実情を明らかにできたと考えている。

　藤岡の言語思想を考える上で重要な資料といえば，同じ明治33（1900）年に創刊された『言語學雜誌』であろう。ここで，藤岡は，編集人として，途中留学をしたにも拘わらず，最後までこの役目を務めることになる。また，藤岡自身も，自らの論文を数多く寄稿しており，言文一致を文体論の観点から考える論は，国語学者の間でも高く評価されている。この雑誌は，明治31（1898）年に，上田萬年の弟子が中心になって創設された言語学会の機関誌であることは知られていたが，刊行に至るまでの経緯までは明らかにされてこなかった。しかしながら，八杉貞利の日記をはじめとする諸資料を丹念に考察していくと，すでにこの頃，藤岡勝二がリーダーシップを発揮して，後輩の新村出，八杉貞利とともに，上田の意向を仰ぎながら，学会の創設に尽力していたことが分かるのである。このような状況から判断して，当時の言語学界を実質的にリードしていたのは，筆者の管見の及ぶ限りでは，藤岡勝二であったと考えられるのである。

　また，当時の藤岡の国語観を知る上で特筆すべき著書が，『國語研究法』（1907）であろう。本書の名は，「國語」となっているが，実際には，近代の言語史について詳述しており，藤岡が，近代の「国語」に言語学の理論を導入しようとする意図を感じとることができる。中でも，ウィリアム・ドゥワイト・ホイットニー，ヘルマン・パウル，ヘンリー・スウィートの影響をうけており，藤岡の音声言語中心主義，言語の本質が言語変化にあることなど，彼らの思想の影響が色濃く反映されているのである。

　このように，藤岡はすでに独自の国語観を有していたが，明治38（1905）年に，上田から東京帝国大学文科大学の言語学講座を託されると，言語学の研究と後身の育成に尽力することになる。実際に，藤岡の門下生から，様々な分野の学者が輩出しており，30年近くも，一人で東京帝国大学の言語学講座を担当することになる。同時にこの年には，藤岡が深く関わる「ローマ字ひろめ会」が結成されることになる。一方，東京帝国大学の国語研究室においては，上田と弟子の保科孝一が国語，国民，国家を意識した独自の「国語」の概念をつくりだそうとしており，藤岡の想定する「国語」の概念とは異なるものとなろう

としていた。「国語」という概念を確立した上田萬年に対して、「言語学」という学問の道標を築いた藤岡の業績、そして、近代の「国語」の成立において尽力した藤岡の功績は、もっと評価されるべきであると筆者は考えている。

　今後も、藤岡勝二に関する研究を進めるためにも、さらなる資料の検討が必要になるであろう。また、近代「国語」の成立、国語学（日本語学）の史的側面を正確に捉えるためにも、藤岡の言語思想をさらに詳らかにしていかなければならないのである。

　なお、最後に、本論の字体に関しては、引用した原文を重視したいために、できるかぎり旧字体を用いることにしたことを、ここに付記しておきたい。

引用文献

芥川龍之介（1968）「あの頃の自分の事」『芥川龍之介集』筑摩書房
有坂秀世（1932）「古事記に於けるモの仮名の用法について」『國語と國文学』第9巻第11号
安藤正次（1927）『言語学概論』早稲田大学出版部
イ・ヨンスク（1996）『「国語」という思想―近代日本の言語認識―』岩波書店
池上禎造（1932）「古事記に於ける仮名「毛・母」に就いて」『國語國文』第2巻第10号
岩井忠熊（2003）『西園寺公望』岩波新書
上田萬年（1895）「標準語ニ就キテ」『帝國文學』第1巻第1号
上田萬年（1897）『國語のため 訂正版』冨山房（復刻 安田敏朗校注, 平凡社 2011）
上田萬年（1903）『國語のため 第二』冨山房
上田萬年・橋本進吉（1916）「古本節用集の研究」『東京帝國大學文科大學紀要』 第2号 東京帝國大学
江上波夫（1992）『東洋学の系譜』大修館書店
大槻文彦原著・鈴木広光校注（2002）『復軒雑纂一 国語国字問題編』平凡社
岡倉由三郎（1901）『發音學講話』寶永館書店
岡倉由三郎（1902）『應用言語學十回講和』成美堂（東京）集成堂（大阪）
長志珠絵（1998）『近代日本と国語ナショナリズム』吉川弘文館
柿木重宜（2000）『ふしぎな言葉の学―日本語学と言語学の接点を求めて―』ナカニシヤ出版
柿木重宜（2002）「『言語学雑誌』にみられる「棒引仮名遣い」について―若者言葉との比較を通して―」『平成14年度全国大学国語国文学会冬季大会シンポジウム・研究発表資料』pp.7－12
柿木重宜（2003a）「『言語学雑誌』における社会言語学的考察―藤岡勝二の言語思想を背景にして―」『滋賀女子短期大学研究紀要』第28号 pp.85－89
柿木重宜（2003b）『なぜ言葉は変わるのか―日本語学と言語学へのプロローグ―』ナカニシヤ出版
柿木重宜（2005）「絵になった感動詞」『月刊 言語』大修館書店 pp.64－65
柿木重宜（2006a）「日本語教育史における言語学者の果した役割」『滋賀女子短期大学研究紀要』第31号 pp.73－84
柿木重宜（2006b）「近・現代の語源学と主要参考文献」『日本語の語源を学ぶ人のために』世界思想社 pp.301－326
柿木重宜（2007a）「なぜ『棒引仮名遣い』は消失したのか―藤岡勝二の言語思想の変遷を辿りながら―」（全国大学国語国文学会編）『文学・語学』第188号 pp.50－58
柿木重宜（2007b）「1900年前後における日本語教育と言語学の関係について」『2007年度日本語教育学会秋季大会予稿集』日本語教育学会 pp.143－148
柿木重宜（2007c）「国語教育における『棒引仮名遣い』の変遷について」『国語科教育研

究　第113回岡山大会発表要旨集』全国大学国語教育学会　pp.127-134
柿木重宜（2008）「言文一致の確立期における「地域方言」について―『言語学雑誌』における藤岡勝二の言説を中心にして―」『平成20年度冬季全国大学国語国文学会大会研究発表会資料』全国大学国語国文学会　pp.38-43
柿木重宜（2011）「藤岡勝二とローマ字ひろめ会―言語政策学的観点からみた機関誌『RÔMAJI』の資料的価値について―」『滋賀短期大学研究紀要』第36号　pp.65-78
柿木重宜（2012）「国語調査委員会と藤岡勝二の国語観について」『滋賀短期大学研究紀要』第37号　pp.61-74
京極興一（1996）『改訂新版「国語」とは何か』東苑社
金田一春彦（1977）『話し言葉の技術』講談社学術文庫　pp.314-315
金田一春彦（1988）『新版　日本語（上・下）』岩波新書
金田一春彦（1990）『父京助を語る　補訂』教育出版　pp.131-132
窪寺紘一（2009）『東洋学事始　那珂通世とその時代』平凡社
言語學會（1900-1902）『言語學雜誌』冨山房雑誌部　第1巻第1号-第3巻第3号
国語学会（編）（1980）『国語大辞典』東京堂出版
國語調査委員會（1904）『國字國語改良論説年表』
國語調査委員會（1916）『口語法』大日本出版
國語調査委員會（1917）『口語法別記』大日本出版
小林英夫訳（1972）『一般言語学講義』岩波書店　Saussure,Ferdinand de.（1916）Cours de Linguistique générale.
境田稔信（1997）「ローマ字国語辞典」『国文学　解釈と鑑賞』第62巻第1号　pp.26-27
佐藤喜之（2007）「藤岡・新村時代の言語学　明治・大正の言語学　その四」『学苑』昭和女子大学近代文化研究所　pp.32-40
真田信治（2001）『標準語の成立事情―日本人の共通ことばはいかにして生まれたか―』PHP研究所
新村出（1943）「新東亞建設と日本語の問題」『國語の尊厳』（日本國語會編）國民総論社
新村出筆録・柴田武校訂（1975）『上田万年　言語学』教育出版
杉本つとむ・岩淵匡編（1994）『新版日本語学辞典』おうふう
関正昭・平高史也編（1997）『日本語教育史』アルク
田中克彦（1981）『ことばと国家』岩波新書
田中克彦（1993）『言語学とは何か』岩波新書
田中克彦（2007）『エスペラント―異端の言語』岩波新書
寺川喜四男（1950）『言語學入門』東雲堂
仁田義雄（1999）「上田万年と国（民）語の創出」『日本語を考える』光華女子大学文学部教養・教職研究室（編）ナカニシヤ出版　pp.19-36
日本語の系統を考える会（1985）『日本語の系統・基本論文集　Ⅰ』和泉書院
野村雅昭（2008）『新版　漢字の未来』三元社
橋本進吉（1917）「國語假名遣研究史上の一發見―石塚龍麿の假名遣奥山路について―」『帝國文学』第23巻第11号
服部四郎（1935）「朝鮮語動詞の使役形と受身・可能形」『藤岡博士功績記念言語學論文集』

岩波書店　p.423
服部四郎（編）（1984）『言語学ことはじめ』私家版
服部四郎（1990）『新版　音韻論と正書法』大修館書店
服部四郎（1992）『一言語学者の随想』汲古書院
早川勇（2007）『ウェブスター辞書と明治の知識人』春風社
樋口時広（2010）『言語学者列伝―近代言語学史を飾った天才・異才たちの実像』朝日出版社
平井昌夫（1948）『國語國字問題の歷史』昭森社（復刻　安田敏朗解説，三元社　1998）
福本喜之助訳（1965）『言語史原理』講談社学術文庫　Paul,Hermann.（1880）*Prinzipien der Sprachgeschichte*.
藤岡勝二（1894）「辞書編纂法幷日本辭書の沿革」『帝國文學』第2巻第1号，2号，6号，10号　大日本圖書株式會社
藤岡勝二（1901）「言語を以て直に人種の異同を判ずること」『史學雑誌』第12巻第9号　史學会
藤岡勝二（1907）『國語研究法』三省堂
藤岡勝二（1908）「日本語の位置」『國學院雑誌』第14巻8号‐11号
藤岡勝二（1937）『方便語録』天來書房
藤岡勝二（1919）『ローマ字引實用國語字典』三省堂
藤岡博士功績記念會（編）（1935）『藤岡博士功績記念言語學論文集』岩波書店
文化庁（2006）『国語施策百年史』ぎょうせい
保科孝一抄訳（1899）『言語發達論』冨山房　Whitney,William Dwight（1875）*The Life and Growth of Language*.
保科孝一（1901）『國語教授法指針』寶永館書店
保科孝一（1902）『言語學講和』寶永館書店
保科孝一（1942）『大東亞共榮圏と國語政策』統正社
保科孝一（1949）『國語問題五十年』三養書房
保科孝一（1957）『ある国語学者の回想』東京：朝日新聞社
松下大三郎（1924）『標準日本文法』紀元社
松下大三郎（1930）『標準日本口語法』中文館書店
松本克己（2005）「新説・日本語系統論―類型論から探る言語の遠い親族関係―」『月刊言語』第34巻第8号
松本克己（2006）『世界言語の視座―歴史言語学と言語類型論―』三省堂
松本克己（2007）『世界言語のなかの日本語―日本語系統論の新たな地平―』三省堂
松本亀次郎（1904）『言文對照漢譯日本文典』中外圖書局
三矢重松（1908）『高等日本文法』明治書院
宮田幸一（1940）『ヴァンドリエスの言語學』興文社
宮田幸一（1948）『日本語文法の輪郭―ローマ字による新体系打立ての試み』三省堂（2009　くろしお出版　復刊）
文部省（1906）『明治三十八年假名遣改定案ニ對スル世論調査報告』文部大臣官房圖書課
八杉貞利・和久利誓一（編）（1970）『新縣居雑記』吾妻書房

安田敏朗（1999）『〈国語〉と〈方言〉のあいだ―言語構築の政治学』人文書院
安田敏朗（2006）『「国語」の近代史　帝国日本と国語学者たち』中央公論社
安田敏朗（2008）『金田一京助と日本語の近代』平凡社新書
山口仲美（2006）『日本語の歴史』岩波新書
山本正秀（1977）「言文一致体」『岩波講座　日本語10　文体』岩波書店
山本正秀編著（1978）『近代文体形成史料集成・発生篇』桜楓社
山本正秀編著（1979）『近代文体形成史料集成・成立篇』桜楓社
吉田澄夫・井之口有一編（1964）『明治以降国語問題論集』風間書房
臨時仮名遣調査委員會（1909）『臨時仮名遣調査委員會議事速記録』文部大臣官房圖書課

藤岡勝二（1872－1935）の主要業績一覧

〈著書〉

明治31（1898）年	『弘法大師』傳燈會	
明治39（1906）年	『羅馬字手引』新公論社	
明治40（1907）年	『國語研究法』三省堂	
明治44（1911）年	『中等日本文典（上巻・下巻）』三省堂	
大正3（1914）年	『外國地名人名稱呼一覧』藤岡博士他六氏編纂　史學會　寶文館	
大正5（1916）年	『國語法教科書』明治書院	
大正6（1917）年	『ローマ字學校（讀み方及書き方）』大倉書店	
大正10（1921）年	『意義ある生活』佛教学会	
大正15（1926）年	『ローマ字手引　改定版』ローマ字ひろめ會	

〈学術論文〉

明治27（1894）年	「辭書編纂法幷日本辭書の沿革」『帝國文學』　第2巻1号，2号，6号，10号に掲載　大日本圖書株式會社
明治27（1894）年	「文字」『古今文學』第2号
明治29（1896）年	「言語學上文字の價値」『帝國文学』第2巻第4号
明治33（1900）年	「發音を正すこと」『言語學雜誌』（1巻2号以下に連載）
明治34（1901）年	「言文一致論」『言語學雜誌』第2巻5号
明治34（1901）年	「言語を以て直に人種の異同を判ずること」『史學雜誌』12編9号　史學会
明治39（1906）年	「蒙古語の話」『東亜の光』
明治39（1906）年	「發音の變化」『東亜の光』
明治40（1907）年	「漢字と假名と羅馬字との比較」『國字問題論集』
明治41（1908）年	「日本語の位置」『國學院雜誌』第14巻8号－11号　國学院大學
明治45（1912）年	「國語学講義」『帝國教育』
大正4（1915）年	「飜譯文の文章に就て」『國語教育』　第1巻12号，第2巻1，2，3，5号に掲載
大正11（1922）年	「ハワイの國語問題」『國語教育』
昭和2（1927）年	「假名のつかひ道」『國語と國文学』第4巻4号
昭和6（1931）年	「方言研究私見」『方言』第1巻2号　春陽堂

藤岡勝二（1872-1935）の主要業績一覧

〈辞書〉
大正8（1919）年　　『ローマ字引實用國語字典』三省堂
大正10（1921）年　　『大英和辭典』（上巻）大倉書店
昭和7（1932）年　　『大英和辭典』（上，下）大倉書店

〈藤岡が担当した政府刊行物〉
文部省（1906）　　　『明治三十八年二月假名遣改定案ニ對スル世論調査報告』
　　　　　　　　　　藤岡勝二（序文）文部大臣官房圖書課

〈藤岡勝二が逝去した後，刊行された論文集と著書〉
昭和10（1935）年　　『藤岡博士功績記念言語學論文集』藤岡博士功績記念會
　　　　　　　　　　（編）　岩波書店
昭和12（1937）年　　『方便語錄』天來書房

〈藤岡勝二が逝去した後，刊行された翻訳書〉
昭和13（1938）年　　『言語學概論―言語研究と歴史―』刀江書院
昭和14（1939）年　　『満文老檔』岩波書店
昭和15（1940）年　　『羅馬字轉寫日本語對譯 喀喇沁本蒙古源流』文求堂
出版年不明　　　　　『ことばのおひたち』出版社不明　謄写版印刷

〈講演録〉
明治32（1899）年　　『佛教講和錄』大日本佛教青年会
明治36（1903）年　　「言語學概論」東京帝國大學　謄写版
明治41（1908）年2月26日「國語略史」『開國五十年史』開國五十年史發行所
　　　　　　　　　　大隈重信撰；副島八十六編
大正10（1921）年　　『聖德太子十七憲法』水谷魁曜
大正12（1923）年　　『社會を動かすもの』龍谷會編
昭和5（1930）年8月20日〜21日　「意味の変遷」『ことばの講座』音声學協会
　　　　　　　　　　編　東京研究社　p.201

〈その他〉
明治33（1900）年　　「語學界私見」『言語學雜誌』第1巻第9号
明治33（1900）年　　「ゲルストベルガー氏日本新國字」『言語學雜誌』第1巻
　　　　　　　　　　第9号　いずれも「雜錄」に所収

以下は，『藤岡博士功績記念言語學論文集』を参照したものである。
遺稿の主なもの
（一）滿州語に關するもの

A．滿文老檔　譯
B．滿州語辭書原稿十五冊
C．滿州語原文二冊寫本

（二）蒙古語に關するもの
1．Vladimirtsov:
2．蒙古語丶彙（約五十頁）

（三）土耳古語に關するもの
1．土耳古語文法の「變化表」（約五十頁）
2．土耳古語丶彙（アルファベット順に語頭のみを排到）

外國の言語學書の飜譯
1．『一般言語學』
2．『言語學上の矛盾』
3．『言語史の原理』
4．飜譯名無し
5．飜譯名無し
6．『言語研究と歷史』
7．「言語学」（A.Meillet）『佛蘭西科學』（下卷分冊）Ⅱ　pp.1－14　日佛會館（編）岡書院

（他の執筆者　新村出「希臘學」，田中秀央「ラテン文献學」，市川三喜「ケルト語學」）

謝　辞

　本書は，平成24（2012）年に，大阪大学大学院言語文化研究科に提出した博士論文に，加筆修正を施した学術論文である。
　本著の題目『近代「国語」の成立における藤岡勝二の果した役割について』にみられる藤岡勝二という名は，アルタイ学，日本語系統論，国語国字問題等の著作において断片的には散見できるが，本格的な藤岡勝二の言語思想に関する著書は，これまで刊行されたことはなかった。この点において，本書の刊行が，今後の言語研究史の進展において，ささやかな意味があったとすれば，筆者としても望外の幸せである。勿論，本書が藤岡研究の嚆矢とはなり得ても，未だ探し出せていない文献も存在するであろうし，藤岡言語学を十分に咀嚼できていない箇所もみられるかもしれない。また，研究を進めていくうちに，当時の時代的，思想的背景を理解しなければ，藤岡勝二の言語思想の根幹に近づくことは困難であることに改めて気づくようになった。こうした問題点については，今後の研究課題としたい。
　では，ここで，言語学者藤岡勝二に関する事項について，少し説明を加えておきたい。藤岡勝二は，1872（明治5）年に京都市に生まれ，22歳まで京都で青年時代を過ごしている。この頃に，生涯の友人となる研究者に出会うことになる。その後，東京帝国大学文科大学博言学科に入学し，1905（明治38）年に，上田萬年から正式に言語学の講座を継承されることになる。以降，東京帝国大学文科大学言語学科の教授，言語学界の中心的存在として，30年近くも，当時の言語学界を牽引しながら，学生の教育と自らの研究に尽力したのであった。しかしながら，大部の全集を有する大学時代の一年後輩になる京都帝国大学教授新村出や藤岡がドイツ留学から帰朝した後，すぐに指導をした東京帝国大学教授金田一京助には大部の全集が残されているのに対して，藤岡勝二の業績や人物像は，現代の言語学者の間でも，決して知られているとは言い難い状況といえよう。今日の国語（日本語）学界，言語学界において多大なる貢献をしながらも，彼が逝去した後，その業績を顕彰するために，藤岡という名を冠して残された著書は，弟子や所縁のあった研究者たちが寄稿した『藤岡博士功績記

念言語學論文集』ただ一冊だけである。本書の刊行が契機となり，多彩なる研究テーマを有した藤岡言語学が進展することを切に願うと同時に，筆者自身も，藤岡の言語思想の研究を，ライフワークとして，取り組みたいと考えている。

現在では，日本語史，日本語学史という分野は，かなり研究が進展しているが，現代言語学に至るまで連綿として継承されてきた藤岡以降の言語学の思想的潮流がどのようなものであったのか，言語研究史の観点からみた詳細な考察は行われていない。

なお，本書を刊行するにあたり，大いに迷った点は，当初の論文に大幅な加筆は施さないことにしたことである。数多くの文献や研究者を掲出したために，通常なら，ビジュアルな側面にも配慮すべきであるが，今回は見送ることにした。本書の枢軸は，テーマこそ，近代の「国語」に重点を置いているが，あくまで「忘れられた言語学者」と称すべき藤岡勝二とはどのような人物であったのか，そして，その総括的な研究書としての意義を，文章によって分かりやすく説明しようと試みたからである。したがって，藤岡本人の写真以外は，一切掲載しないことにした。浅学菲才は承知の上で，膨大に残された資料と向き合いながら，藤岡勝二の言語思想の本質を突き詰めていく作業を続けていきたいと考えたからである。藤岡勝二に関わる貴重な一次時資料の紹介や関係人物の写真を用いた本は，テーマを変えながら，改めて刊行したい。

私事の話になり，誠に恐縮ではあるが，本書が刊行できたのは，2009（平成21）年に国内研修員として，大阪大学大学院言語研究科に研修員として受け入れてくださった仁田義雄大阪大学名誉教授のおかげといっても決して過言ではない。先生には研修期間中だけではなく，その後もゼミに参加させて頂き，ご退職になるまで，仁田ゼミの一人として，ゼミの方々とともに，研究発表をする機会を与えて頂くことができた。ここに深く感謝の意を表したい。そして，大学，大学院修士課程の指導教官橋本勝大阪大学名誉教授，大学院博士後期課程の指導教官田中克彦一橋大学名誉教授にも深謝の念を伝えたい。橋本先生には，まだ筆者が十代の頃，アルタイ学者としての藤岡勝二の業績について教えて頂き，田中先生には，博士後期課程の田中ゼミにおいて，社会言語学の魅力と学問に対する批判精神の重要性を教えて頂いた。本書を上梓するにあたって，様々な分野の先生方や，同僚，研究会や学界の仲間にも，励まされ，色々な面

でお世話になった。浅学菲才の私にとって，どれほどの助けになったか分からない。筆者は，今後も，拙いながらも，多彩な研究テーマを有した藤岡言語学を解きほぐしながら，彼の思想の本質を理解するために，さらに精緻な調査と考察を進めていきたいと考えている。

　本書を上梓した頃，1990（平成2）年に，初めての査読論文『モンゴル仏典における古代ウイグル語の影響について』を日本モンゴル学会の機関誌に寄稿したことを思い出した。この時，筆者の拙稿を，大学の先輩でもある作家司馬遼太郎さんにお送りしたところ，激励のお葉書を頂いたことがあった。あれから20年以上の時が過ぎたが，藤岡勝二の本格的な本書の執筆を終えたときに，仏教精神に強く関心を抱き，近江をこよなく愛された司馬さんが，拙著に対して，どのような感想を寄せてくださっただろうかと考えた。そのような気持ちを心底に抱きながら，藤岡の思想をさらに深めようと強く決意をした次第である。

　最後に，今回も本書の意義を深く理解して頂き，快く刊行を認めてくださった中西健夫ナカニシヤ出版社長，いつもながら献身的な編集をしてくださる慧眼の編集長宍倉由高氏に感謝申し上げたい。

　恩師への御恩を胸に刻みつつ，お世話になった先生方一人ひとりの温かいご指導に感謝しながら，ひとまず，ここで筆を擱くことにしたい。

故郷大津にて
柿木重宜

事項索引

ア
アルタイ諸語　14
『アルタン・トブチ』　25
威信　53
『一般言語學講義』　57
入りわたり　119, 126
印欧語族　56
ウラル語族　14
ウラル・アルタイ諸語　13
赤楽書院　28, 100
音韻対応の法則　7
音韻法則　130
音声学　126
音素文字　75

カ
仮名遣い　32
　国語——　78
　字音——　70
　棒引——　32
　歴史的——　78
かな文字論　36
冠詞　15
漢字廃止論　36, 105
「漢字不可廃論」　36
漢字利導説　37
曲尾語　133
屈折語　133
訓令式ローマ字　18, 136
京城學堂　99
京城帝国大学　132
言語
　——系統論　7
　——政策　69
　——年代学　131
　——有機体観　128
　——類型地理論　16
言語学　14
　社会——　125, 129
　比較——　7, 128, 129
　歴史——　18
『言語発達論』　66
原辞　101
『元朝秘史』　25
限定詞　16
言文一致会　33
言文一致体（口語体）　4, 32
『口語法』　48
『広辞苑』　66
後置詞　15
膠着語　15, 133
高等大同學校　28, 101
『高等日本文法』　100
宏文学院　28, 100
国語
　——会　78
　——国字問題　8
　——審議会　49
　——調査委員会　4, 19, 31, 49
　——調査会　19, 33
　——ナショナリズム　104
　——擁護会　74
『國語教育』　71
「國語國字改良論説年表」　55
国字改良部　32
国民語　51
国家語　103
孤立語　133

サ
採用　130
雑報　89
雑録　89
詞　101
恣意性　57
自然有機体　130
質疑應答　89
史傳　89

社会制度　57
社会的制度　128
紹介　89
小学校令施行規則　69
上代特殊仮名遣　15
新縣居雑記　78
親縁関係　16
新国字論　36
新日本式つづり方　151
声音学　126
青年文法学派　8, 56
素読　67

タ

大同學校　97
大日本仏教青年会　149
タタール語　118
タミール語　131
單意語　133
断句　101
地域方言　53
帝国教育会　32
帝国ローマ字クラブ　136
哲学館　37
出わたり　119, 126
添着語　133
東亜高等予備学校　100
トルコ語　118

ナ

日華學堂　97
日鮮同祖論　53, 132
日本語
　　——教育史　103
　　——教育能力検定試験　121
　　——系統論　8, 131
日本式ローマ字表記法　9, 151
『日本人』　36
日本ローマ字会　137

ハ

博言学　14
破擦音　151
罰札制度　63
破裂音　151
被限定詞　16
標準語　32
標準式ローマ字表記法　135, 151
普通専門学務局長　150
プレステージ　53
文法上の性　15
ヘボン式　9
　　——ローマ字表記法　19, 66, 71
ヘルバルト教育学派　36
母音調和　15
抱合語　133
『法爾』　24
棒引仮名遣い　32, 70

マ

松下文法　101
満州語　118
『明治三十八年二月假名遣改定案ニ對スル世論調査報告』　48
『蒙古源流』　25
文科審議会国語分科会　49
モンゴル語　118
文部省専門学務局長　150

ラ

琉球方言　55
臨時仮名遣調査委員会　68, 78
『臨時仮名遣調査委員會議事速記録』　84
臨時国語調査会　147
『臨時ローマ字調査會議事録』　151
類型論　8
類推（analogy）　56
ローマ字
　　——化運動　8
　　——化国語国字問題　13
　　——手引き　19
　　——転写　19, 29
　　——ひろめ会　9, 105, 135
　　——論　36
『羅馬字手引』　19, 149
論説　89

人名索引

[A]
芥川龍之介　119-121
アルベール・セシュエ　57
安藤正次　16, 121
有坂秀世　15
朝比奈知泉　34
浅井恵倫　134
アウグスト・シュライヒャー　128, 130, 133

[B]
バジル・ホール・チェンバレン　14, 98, 155
坂東　省　108

[C]
シャルル・バイイ　57
チャールズ・ダーウィン　133
近角常観　149

[E]
エウジェニオ・コセリウ　130

[F]
フェルディナン・ド・ソシュール　56, 57, 134, 146
冨士川　游　25
藤岡勝二　1, 3-9, 11, 13-29, 31-33, 38-41, 44, 48, 51-58, 63-79, 84, 87-91, 94-105, 107, 109-114, 117-139, 141, 142, 145-153, 155-157
藤岡保子　148
福本喜之助　127
福岡秀猪　153

[G]
ゲオルク・クルティウス　56
ゲオルク・フォン・デア・ガーベレンツ　58
後藤朝太郎　5, 113, 114, 121, 123, 124, 134, 146
後藤牧太　142, 153

[H]
芳賀矢一　44, 83, 84, 86
橋本進吉　5, 8, 104, 113
服部四郎　8, 16, 107, 109, 110, 118, 122, 126, 131, 132, 134, 135, 146, 151
服部宇之吉　45
早川　勇　22, 23
林　泰輔　45
ヘンリー・スウィート　57, 58, 66, 103, 105, 128, 156
ヘルマン・パウル　56, 57, 118, 126-128, 156
平井金三　15
平井昌夫　121
広田弘毅　136
本田　存　53, 132
保科孝一　4, 5, 8, 9, 14, 44, 48, 51, 56, 66, 71, 102-104, 119, 142, 146, 155, 156

[I]
イ・ヨンスク　3, 4, 31, 71
市川三喜　114
井桁貞夫　108
伊波普猷　5, 113
池上禎造　15
伊地知彦次郎　85
稲留正吉　76
井上円了　36-38, 41
井上匡四郎　152
井上哲次郎　38, 87, 149
犬養　毅　28, 101, 102
石黒　修　102, 104
石原　忍　76
石川啄木　150
伊藤博文　23
巌谷小波　137, 139

人名索引

[J]
神保　格　　114, 123, 124, 134, 146, 151
神保小虎　　146
ジョゼフ・エドキンズ　　133
ジョゼフ・ヴァンドリエス　　17, 18

[K]
柿木重宜　　15
鎌田栄吉　　138
金澤庄三郎　　53, 111, 132
神田孝平　　92
神田乃武　　91
神田城太郎　　113
神田盾夫　　91
嘉納治五郎　　28, 100, 101, 105, 138
加藤弘之　　33, 36, 43, 90
川副佳一郎　　147
菊沢季生　　147
金田一春彦　　17, 18, 120, 121
金田一京助　　5, 107, 113, 114, 121, 132, 146
清澤満之　　24, 149
小林英夫　　57, 134, 146
近衛文麿　　136
幸田成行（露伴）　　38, 81
窪寺紘一　　18
釘本久春　　102, 104
黒板勝美　　24, 25
京極興一　　3, 5-7, 9, 52

[M]
前田直平　　76
前田太郎　　114
前島　密　　33, 34, 38, 43
増田乙四郎　　76
松本克己　　16
松本亀次郎　　100, 103
松本亦太郎　　45
松本信弘　　131
松尾捨治郎　　105
松下大三郎　　100, 101, 103, 104
マックス・ミュラー　　24, 25, 98, 121
三矢重松　　28, 100, 103, 105
三宅米吉　　19
三宅雄二郎（雪嶺）　　35-37

宮田幸一　　18, 143
宮沢賢治　　150
森　有礼　　25
森林太郎（鷗外）　　70, 85, 86
モリス・スワデッシュ　　131
元良勇次郎　　45
物集高見　　74
向　軍治　　137
村山七郎　　16, 131

[N]
中村壮太郎　　76
那珂通世　　18, 19, 36
夏目金之助（漱石）　　91, 142, 143
仁田義雄　　32, 51, 143
ノーム・チョムスキー　　129
野村雅昭　　34

[O]
小川尚義　　5, 111, 134
荻原井泉水　　113
小倉進平　　5, 113, 132, 134
岡倉由三郎　　3, 6, 7, 9, 51, 99, 102, 105, 143
岡田正美　　4, 9, 20, 44, 48, 51, 55, 56, 71, 146, 155
岡田良平　　84
大野　晋　　16, 131
大槻文彦　　23, 33, 36, 38, 43, 48, 84, 86
オスカル・ゲルストベルガー　　75, 76
尾崎紅葉　　38, 41

[S]
西園寺公望　　136, 138, 139, 152, 153
境田稔信　　21, 22,
櫻根孝之進　　136, 142, 147, 153
佐藤喜之　　120
澤柳政太郎　　24, 70, 84, 149, 150
シュレーゲル兄弟　　128
関　正昭　　105
関根正直　　5, 51
新村　出　　18, 24, 25, 40, 57, 66, 73, 84, 88, 89, 98, 103-105, 107, 108, 111, 112, 135, 142, 147, 156
親鸞　　25

白鳥庫吉　18
曽我祐準　85, 86
孫文　28
鈴木重幸　143

[T]
田口卯吉　73
高楠順次郎　24-27, 97, 98, 105, 134, 135, 137, 141, 147, 149
田丸卓郎　135, 137, 138, 147
田中秀央　114, 127, 134
田中克彦　129, 130
田中館愛橘　66, 135, 137, 138, 147
谷口雅春　144
寺川喜四男　121
時枝誠記　143
時枝誠之　143, 144
徳川慶喜　34, 148
徳富猪一郎（蘇峰）　36, 43, 142
徳富蘆花　36
鳥谷部陽太郎　142, 144
坪内逍遥　40
土屋正直　148
土屋挙直　148
辻（福島）直四郎　98, 108, 134

[U]
上田萬年　1, 3, 5, 7-9, 14, 15, 21, 23, 24, 27, 31-33, 36-40, 43, 44, 48, 51-53, 56, 57, 59, 63, 64, 66, 71, 74, 83, 84, 86, 87, 89, 90, 97, 98, 104, 107, 112, 113, 118, 119, 126, 128, 134, 135, 137, 138, 141, 147, 148, 150, 155-157
梅原真隆　144

[W]
渡辺修次郎　51
ウィリアム・ドゥワイト・ホイットニー　25, 57, 66, 127, 128, 134, 156
ヴィルヘルム・フォン・フンボルト　118

[Y]
矢田部良吉　51
山田孝雄　128
山口鋭之助　142, 153
山本正秀　3, 59, 64, 96
安田敏朗　3, 5, 31
八杉貞利　40, 78, 83, 84, 88, 89, 108, 111, 126, 127, 133, 156
湯本武比古　36-38
横山辰次　17

【著者紹介】
柿木重宜（かきぎ・しげたか）
博士（言語文化学）大阪大学
一橋大学大学院社会学研究科（社会言語学専攻）博士後期課程
単位取得（1994）
現職　滋賀短期大学ビジネスコミュニケーション学科教授
　　　大阪大学非常勤講師
　　　全国大学国語国文学会委員

主著
『ふしぎな言葉の学―日本語学と言語学の接点を求めて―』（2000）ナカニシヤ出版
『なぜ言葉は変わるのか―日本語学と言語学へのプロローグ―』（2003）ナカニシヤ出版
『日本語の語源を学ぶ人のために』（2006，共著）世界思想社
『京都の地名検証3』（2010，共著）勉誠出版
『日本語再履修』（2012）ナカニシヤ出版他

近代「国語」の成立における藤岡勝二の果した役割について

2013年2月1日　初版第1刷発行　（定価はカヴァーに表示してあります）

　　　　　著　者　柿木重宜
　　　　　発行者　中西健夫
　　　　　発行所　株式会社ナカニシヤ出版
〒606-8161　京都市左京区一乗寺木ノ本町15番地
　　　　　　Telephone　075-723-0111
　　　　　　Facsimile　075-723-0095
　　　Website　http://www.nakanishiya.co.jp/
　　　Email　iihon-ippai@nakanishiya.co.jp
　　　　　　郵便振替　01030-0-13128

装幀＝白沢　正／印刷・製本＝西濃印刷㈱
Printed in Japan.
Copyright © 2013 by S. Kakigi
ISBN978-4-7795-0779-3 C3081

本書のコピー，スキャン，デジタル化等の無断複製は著作権法上での例外を除き禁じられています。本書を代行業者等の第三者に依頼してスキャンやデジタル化することはたとえ個人や家庭内の利用であっても著作権法上認められておりません。